Caminhando com os *Salmos*

Dados Internacionais de Catalogação na Publicação (CIP)
(Câmara Brasileira do Livro, SP, Brasil)

Sciadini, Patrício
  Caminhando com os salmos : orações-poesias da Bíblia / Patrício Sciadini. – Petrópolis, RJ : Vozes, 2025.

  ISBN 978-85-326-7042-7

  1. Bíblia – Salmos 2. Salmos – Meditações I. Título.

24-243671   CDD-242

Índices para catálogo sistemático:
1. Salmos : Cristianismo   242

Cibele Maria Dias – Bibliotecária – CRB-8/9427

Frei Patrício Sciadini

Caminhando com os Salmos

Orações-poesias da Bíblia

EDITORA VOZES

Petrópolis

© 2025, Editora Vozes Ltda.
Rua Frei Luís, 100
25689-900 Petrópolis, RJ
www.vozes.com.br
Brasil

Todos os direitos reservados. Nenhuma parte desta obra poderá ser reproduzida ou transmitida por qualquer forma e/ou quaisquer meios (eletrônico ou mecânico, incluindo fotocópia e gravação) ou arquivada em qualquer sistema ou banco de dados sem permissão escrita da editora.

CONSELHO EDITORIAL

Diretor
Volney J. Berkenbrock

Editores
Aline dos Santos Carneiro
Edrian Josué Pasini
Marilac Loraine Oleniki
Welder Lancieri Marchini

Conselheiros
Elói Dionísio Piva
Francisco Morás
Teobaldo Heidemann
Thiago Alexandre Hayakawa

Secretário executivo
Leonardo A.R.T. dos Santos

PRODUÇÃO EDITORIAL

Aline L.R. de Barros
Anna Catharina Miranda
Eric Parrot
Jailson Scota
Marcelo Telles
Mirela de Oliveira
Natália França
Priscilla A.F. Alves
Rafael de Oliveira
Samuel Rezende
Verônica M. Guedes

Editoração: Mônica Glasser
Tradução: Monjas Carmelitas Descalças do Carmelo de São José de Jundiaí
Diagramação: Editora Vozes
Revisão gráfica: Michele Guedes Schmid
Capa: Larissa Brito

ISBN 978-85-326-7042-7

Esta é a primeira publicação desta obra escrita originalmente em italiano.

Este livro foi composto e impresso pela Editora Vozes Ltda.

Sumário

Introdução, 11
Oração de Santo Agostinho, 13

O cântico de Zacarias (Lc 1,67-79), 15

Salmo 1
Os dois caminhos do homem, 19

Salmo 2
O triunfo do Messias, 25

Salmo 4
Exortação à confiança em Deus, 31

Salmo 8
Glória de Deus e grandeza do homem, 37

Salmo 14(13)
Castigo da corrupção geral – O canto do ateu, 43

Salmo 15(14)
Na intimidade com Deus, 49

Salmo 22(21)
Aflição e ação de graças do justo, 55

Salmo 23(22)
O Bom Pastor, 61

Salmo 27(26)
A confiança e o amor vencem o medo, 67

Salmo 34(33)
Canto do amor da justiça de Deus, 73

Salmo 45(44)
O cântico do rei e da rainha, 79

Salmo 51(50)
Sim, reconheço meu pecado, 85

Salmo 62(61)
Paz em Deus, 91

Salmo 63(62)
Meu Deus, tenho fome e sede do teu amor!, 97

Salmo 69(68)
Meus olhos queimam na espera do meu Deus, 103

Salmo 89(88)
Onde está teu primeiro amor?, 109

Salmo 91(90)
Sob tuas asas me refugio, Senhor, 117

Salmo 95(94)
Abre teu coração à oração!, 123

Salmo 100(99)
Louvai a Deus, Ele é fiel!, 129

Salmo 110(109)
Triunfo do Messias, Rei Sacerdote, 135

Salmo 116(114-115)
Ação de graças após perigo mortal, 143

Salmo 117(116)
Povos todos, louvai o Senhor!, 149

Salmo 119(118)
Elogio à lei divina, 153

Salmo 121(120)
O Senhor, guarda e protege seu povo, 157

Salmo 122(121)
Desça a paz sobre Jerusalém, 163

Salmo 124(123)
Se Deus não estivesse conosco, que seria de nós?, 169

Salmo 127(126)
A bênção de Deus dá prosperidade, 173

Salmo 131(130)
Senhor, o meu coração não é orgulhoso, 179

Salmo 133(132)
A alegria do convívio fraterno, 185

Salmo 136(135)
Eterno é o amor do Senhor, 191

Salmo 139(138)
Examina meu coração, Senhor!, 197

Salmo 150, 203

Magnificat – Recorda-te, Senhor, das tuas promessas!, 209

Guia-nos no caminho da paz.
(Lc 1,79)

Introdução

Os salmos fazem parte da minha vida. Sempre os amei. Há mais de quarenta anos publiquei, com a Editora Civilização Brasileira, o livro *Os salmos do homem contemporâneo*, onde tentei traduzir o sofrimento e as alegrias do povo, associando-os aos salmos da Bíblia. Em cada salmo encontramos um aspecto da nossa existência multiforme e feita como um mosaico de tantos pedaços de cores diferentes. Há alegrias, dores, lágrimas, sorrisos, louvores e imprecações. Contudo, em todos eles, em diversos momentos, encontramos a janela da fé que faz entrar em nós uma luz doce e cheia de bondade, de ternura: é a luz da fé, da esperança.

O salmista é um homem ou mulher que tem raízes profundas no Deus da história, que, de geração em geração, canta as misericórdias do Senhor. Os Padres da Igreja, especialmente Agostinho, com o seu maravilhoso comentário sobre os salmos, convidam-nos a rezar, a cantar, a suplicar, com a voz do salmista, o que mais temos no coração. Esse comentário é livre e, parece-me, atual, já que parte do salmo e passa pela visão de Jesus e da Igreja, até chegar a nós. Ele pode nos ajudar a redescobrir que os problemas da vida mudam de cores, de aparência, porém, no fundo, são os mesmos que fazem parte da nossa natureza humana, ferida, doente, mas que anela a uma vida de bem e que seja fonte de felicidade.

Escolhi vários salmos, especialmente os do caminho, das peregrinações, das romarias, porque indicam, mais que os outros, como durante o nosso trajeto necessitamos cantar para que a viagem se faça mais breve e mais solidária com todos os que caminham conosco. Não se pode caminhar sozinho; somos chamados a caminhar juntos. Hoje, chamaríamos de caminho "sinodal" o caminhar junto para a mesma meta: a nova Jerusalém. São desejos profundos que não podem ser banidos do nosso coração.

Os salmos não foram escritos na mesma época nem pelo mesmo autor, pois pertencem a épocas diferentes, a sensibilidades diferentes, e têm visões diversas da história do povo de Deus. No entanto, no fim, todos têm como protagonistas homens e mulheres a caminho, e Deus, que conduz e que, às vezes, silencia. O silêncio de Deus nos salmos tem um espaço especial, e, diante do silêncio de Deus, o que resta ao ser humano é gritar para que Ele responda a esse grito de ajuda.

Nos salmos, temos experiência de vidas que parecem estar sendo esmagadas, mas que, na verdade, é resultado somente de uma vida nova surgindo. É a morte lenta do grão de trigo que está prestes a nascer de novo. É consolador saber que os salmos do povo de Deus, no caminho do deserto rumo à terra prometida, foram conhecidos e rezados por Jesus nas suas idas a Jerusalém, no seu encontro com o Pai, no silêncio da noite e na dor da traição. É consolador que a Igreja faça dos salmos a sua oração e peça que o povo os reze para que sejam, em cada momento, um louvor e uma súplica que atravessem toda a humanidade. A vida da Igreja e do povo de Deus é bombardeada pelos salmos, pelos salmos responsoriais, pela liturgia eucarística, pelos salmos da *Liturgia das Horas*, pelas orações espontâneas, quando repetimos, mesmo sem saber, expressões dos salmos.

Os salmos são alimento, Palavra de Deus que não precisa ser "engolida", mas bem mastigada, saboreada, para que se transforme em nossa vida cotidiana. Às vezes necessitamos de tempo para assimilar os salmos, mas, uma vez assimilados, tornam-se força nos momentos difíceis.

O salmista é um contemplativo, isto é, vê a vida por meio da história e dos olhos de Deus. Tenha uma certeza, que eu também tenho: o mal não poderá vencer o bem.

Frei Patrício Sciadini, ocd.

Oração de Santo Agostinho

*Voltados ao Senhor e Deus Pai Onipotente
com coração puro e sincero,
dirijamos a Ele a máxima ação de graças
segundo a nossa pequenez,
implorando com todas as nossas forças
a sua singular mansidão;
segundo o seu beneplácito,
queira Deus ouvir as nossas preces.
Afastando de nós, com seu poder, o inimigo
das nossas ações e dos nossos pensamentos,
aumente em nós a fé;
dirija a nossa mente,
conceda-nos pensamentos espirituais
e nos conduza à sua felicidade.
Por nosso Senhor Jesus Cristo, seu Filho,
que com Ele vive, na unidade do Espírito Santo,
por todos os séculos.
Amém.*

O cântico de Zacarias
(Lc 1,67-79)

Todos os dias, ao nascer do sol, eleva-se de todas as partes do mundo o cântico de Zacarias, sacerdote do Templo de Israel que, assim que sua voz voltou, prorrompeu em louvor e ação de graças ao Senhor, com as palavras que se tornaram a oração de todos os cristãos. Quando se esgotaram a esperança e a confiança humana, recebe do Deus de Israel, juntamente com sua esposa Isabel, a bênção de um filho que não deveria chamar-se Zacarias, segundo o costume da tradição humana, mas João, nome novo, dado pelo próprio Deus. João é aquele que recebe como dom a missão de preparar o caminho do Messias, aquele que deveria batizá-lo e introduzi-lo na vida pública do anúncio e da pregação, para em seguida desaparecer e morrer como testemunha mártir da verdade.

João, chamado o Batista, consciente de sua missão, não se presta ao jogo dos falsos anunciadores, não se aproveita do momento de sofrimento de seu povo, por estar bem consciente de não ser o Messias, o Enviado e Ungido de Deus. Ele é somente a voz daquele que anuncia. Batiza na água, mas Aquele que vem depois – do qual disse não ser digno de desamarrar as sandálias, isto é, de convidá-lo à penitência – batizará no fogo e no espírito.

Este cântico de esperança é a voz da nossa consciência mais profunda: aquela que sempre crê no amanhã, que espera com tenacidade a voz dos profetas que apontam o dedo contra os que roubam a alegria da vida dos pobres e infringem a Lei do Senhor. O seu martírio e o seu profetismo redobram-nos a coragem e o entusiasmo nos momentos em que atravessamos a noite escura do coração, da mente e do espírito.

Cântico

⁶⁷ Zacarias, seu pai, encheu-se do Espírito Santo e profetizou, dizendo:

⁶⁸ "Bendito o Senhor, Deus de Israel, porque visitou e resgatou seu povo,

⁶⁹ e suscitou em nosso favor um Salvador poderoso na casa de Davi, seu servo,

⁷⁰ como havia prometido desde séculos pela boca dos santos profetas,

⁷¹ para nos salvar dos inimigos e do poder de todos os que nos odeiam,

⁷² para usar de misericórdia com nossos pais e lembrar-se da santa aliança.

⁷³ O juramento que fez a Abraão, nosso pai, de conceder-nos

⁷⁴ que, sem temor, livres do poder dos inimigos, o sirvamos

⁷⁵ em santidade e justiça, em sua presença, todos os dias.

⁷⁶ E tu, menino, serás chamado profeta do Altíssimo, pois irás adiante do Senhor preparar-lhe os caminhos,

⁷⁷ e dar ao povo o conhecimento da salvação, pela remissão dos pecados.

⁷⁸ Pelo coração misericordioso de nosso Deus, com que nos visitará nascendo do alto, como Astro,

⁷⁹ para iluminar os que estão sentados nas trevas e nas sombras da morte, para dirigir nossos passos para o caminho da paz".

Rezar o **Benedictus** *com Israel*

Este cântico é um conjunto de frases e citações bíblicas espalhadas por todo o Antigo Testamento. Isso não deve surpreender-nos: Zacarias é sacerdote da tribo de Levi, conhece bem a Palavra de Deus e dedicou toda a vida ao seu louvor. Nesse momento, estava sendo chamado a entrar, talvez pela última vez, no *Santo dos Santos*, isto é, na parte mais sagrada do Templo de Jerusalém.

Existem muitas conjecturas sobre essa parte do Templo, onde entravam unicamente os sacerdotes de turno: alguns dizem que havia ali uma estátua dourada de um vitelo, um altar de ouro para outras ofertas de sacrifícios humanos, como era costume nos povos vizinhos, e, por essa razão, o povo de Israel era, às vezes, repreendido pelos profetas. Na realidade, provavelmente, nessa instância interna não havia propriamente nada; era vazia para conter unicamente a presença gloriosa de Deus Altíssimo.

Zacarias, ao sair mudo do Santo dos Santos, passa a bendizer, agradecendo a Deus, e profetiza que seu filho João preparará o caminho do Messias, Ungido do Senhor, Pré-escolhido que perdoará os pecados e o conduzirá à paz verdadeira. Deus visita o seu povo, estabelece com o povo predileto uma aliança, um pacto de amor e de fidelidade.

Na leitura cristã, esse episódio é a chave que conclui a Escritura hebraica, então viva para o povo de Israel, e a abre à dinâmica do amor de Deus, que abençoa por meio do seu único Filho, Jesus. Se João (*Jo-channa*) significa, em hebraico, "dom gratuito de Deus", Jesus, para os cristãos, será o cumprimento da profecia do grande Isaías: *l'Immanu-El*, Emmanuel, "Deus conosco".

Rezar o Benedictus *com Jesus*

Para compreender melhor este cântico, detenhamo-nos um instante a fim de memorizar rapidamente as relações entre as famílias de Zacarias e da Virgem Maria e entre Jesus e João, aquele que o batizou, para compreender melhor o projeto de Deus para a humanidade.

Com a vinda de Jesus, tudo é renovado. Ele não veio para abolir a Lei e os Profetas, mas para fortalecer a Lei, colocá-la em prática e vivê-la segundo a sua palavra. Zacarias é a voz, não aquele que deve vir; é porta-voz, profeta, que prepara e abre o caminho ao Messias. O cântico nos ajuda a acolher de modo novo o anúncio de Jesus, o seu Evangelho, a Boa-Nova plena de vida. João anuncia penitência e conversão; Jesus, por sua vez, anuncia a misericórdia de Deus, o coração de Deus Pai que perdoa e tira o pecado do coração da humanidade, que, no entanto, ainda corrompido e corruptível pelo desejo de poder, posse e prazer egoísta, é ainda o maior obstáculo para um mundo de paz. A severidade de João Batista não é anulada por Jesus, mas somente adoçada pela misericórdia infinita do Pai. Deixemo-nos invadir pelo fermento e pela luz do Evangelho, a fim de compreendermos quem é Jesus e quem é João Batista.

Rezar o Benedictus *com a Igreja*

Todos os dias, a cada manhã, na oração de louvor ao Senhor, que se eleva de todos os ângulos do mundo, o Senhor nos convida a rezar este cântico, como para iluminar o dia e convidar-nos a agirmos sempre na presença do Altíssimo, que tudo vê e provê. São sementes de esperança que cada manhã renascem para uma nova vida, a fim de servirmos e caminharmos, nivelarmos as montanhas de dificuldades que nos obstaculizam e se colocam entre nós e Deus, entre nós e os irmãos; e, assim, possamos perdoar os pecados e sermos construtores de paz e alegria.

É um cântico de louvor, de ação de graças, de profecia, entrelaçado de um otimismo erradicado na fé: nada é impossível a Deus, se confiarmos nele. Suas promessas se realizam a seu tempo, até mesmo além de nós. Não se discutem os projetos de Deus; aceitam-se. Quando Zacarias hesita e questiona a Deus, torna-se mudo, incapaz de louvar e transmitir a todos a bênção de Deus. Mas, quando crê e adora a realização da promessa de Deus no filho João, recomeça a falar, agradecer e louvar.

Releia o Benedictus.
Faça sua oração pessoal diária.

Salmo 1
Os dois caminhos do homem

A primeira palavra do salmo inicia-se com a primeira letra do alfabeto hebraico (*alef*), enquanto a palavra de conclusão se inicia com a última letra do alfabeto (*taw*). Na leitura cristã, Jesus será o Alfa e o Ômega (primeira e última letra do alfabeto grego), Início e Fim, como recordamos a cada ano na noite de Páscoa, com a bênção do fogo novo. Isso nos recorda que vivemos todos os dias um novo início, uma ressurreição, um fim das coisas que são sempre início de uma vida nova.

Nossa vida é sempre uma estrada, ao longo da qual somos chamados a "escolher" o bem ou o mal: a responsabilidade é nossa. O justo, chamado simplesmente "homem", ser humano, é simbolizado pela árvore plantada à margem de um rio: viçoso, sempre verde, dá fruto no tempo devido, bebendo com as próprias raízes da água pura da Lei de Deus, que medita dia e noite, vivendo sempre à presença do Senhor. Quem está longe de Deus, ao contrário, é chamado "ímpio" ou "malvado", igualado à "palavra" vazia, separado do grão, mais leve que a palha que o vento leva. Não há consistência nele, é vazio, não tem raízes nem é resistente.

Perguntemo-nos, portanto: quais são os ventos que nos dispersam, que nos colocam em crise? A ideologia, a busca do mais fácil, os amigos não verdadeiros? A busca da fama, do dinheiro, do poder?

Os dois caminhos

¹ Feliz o homem que não segue o caminho dos ímpios, não envereda pelo caminho dos pecadores, nem toma assento na reunião dos insolentes,

² mas na lei do Senhor se compraz e nela medita, dia e noite!

³ É como a árvore plantada à beira das águas correntes: ela dá fruto a seu tempo, e sua folhagem não murcha; tudo que ele empreende prospera.

⁴ Não são assim os ímpios: são como a palha que o vento arrebata.

⁵ Por isso os ímpios não ficarão de pé no julgamento, nem os pecadores no conselho dos justos.

⁶ Pois conhecer o Senhor é o caminhar dos justos, o caminhar dos ímpios, porém, é sem rumo.

Rezar o salmo com Israel

Para o povo de Israel, a vida e a história de todo homem é um caminho constante, uma estrada de saída, um êxodo, uma peregrinação. Por isso, muitas vezes se encontrou em uma encruzilhada, entre escolher virar à direita ou à esquerda, ou então permanecer parado. É um salmo que faz parte do ritual da Aliança, o pacto entre Deus e seu povo, cantado nas grandes festas em que o povo, e cada indivíduo, era convidado a decidir-se a abandonar as vãs divindades e retornar a YHWH, a não se contaminar com a arrogância e o pecado, tendo o coração e os olhos fixos à meta, mesmo se, na obscuridade do tempo, busca a vinda do Messias. É o salmo que abre o saltério, coloca-se a caminho, abre a estrada; um salmo feito de esperança, de movimento, e que, ao mesmo tempo, convida a caminhar com firmeza em nossa fé.

Rezar o salmo com Jesus

Muitas vezes, Jesus, em seu anúncio evangélico, faz referência à simbologia da árvore. Recorda-se? Quando fala que se reconhece a árvore pela qualidade boa ou má de seus frutos (Mt 7,13-20); ou quando cita o pequeno grão da árvore de mostarda, que cresce belo e viçoso, e é capaz de acolher entre seus ramos os pássaros do céu que aí fazem o seu ninho (Mt 13,32); ou quando compara a si mesmo à videira, o Pai aos agricultores, e nós aos ramos, chamados a produzir muitos frutos (Jo 15,1ss.).

O salmo lembra também outros textos que falam da "água viva", como o encontro no poço entre Jesus e a mulher samaritana (Jo 4), e a água do rio Jordão, sinal da água do nosso batismo.

Rezar o salmo com a Igreja

A Igreja nasceu do próprio percurso de Jesus, que não quis caminhar só sobre esta terra, e sim *acompanhado*. Quando se caminha só, ou em um grupo fechado, morre-se de asfixia, sem o apoio dos irmãos e irmãs. Ser Igreja é caminhar juntamente com o papa, os bispos, os párocos, em uma pastoral de serviço e de amor. É necessário vigilância e docilidade aos pastores, atenção para com os "extremistas", tanto de direita como de esquerda, acautelando-se dos que estão parados no tempo e no espaço, e não querem caminhar por medo de perder aquilo que acreditam ter. A vida é uma estrada para a meta final, o Ômega, que é Jesus.

Este salmo é rezado, na liturgia, em muitas celebrações feriais e na Quarta-feira de Cinzas, a fim de encorajar os cristãos no início do caminho quaresmal e fortalecê-los na luta contra as tentações do "mundanismo espiritual". Lutando contra o mal, que possamos colher, neste salmo, uma afinidade com as duas vias citadas da página final do Deuteronômio (Dt 30,15-20). Além disso, ele é rezado na quinta-feira da segunda semana da Quaresma, para compreendermos o contraste entre o homem bendito e o portador de maldição, segundo a meditação de Jeremias 17,5-10.

Releia o salmo.

Meditar o salmo

A felicidade é dom de Deus e conquista humana, fruto da oração e da meditação da Palavra de Deus. Felicidade é saber escolher a estrada justa, pedir conselhos, não caminhar só, mas acompanhado, na Igreja, na comunidade, na sociedade, na busca do bem comum.

A árvore, longe da água, morre... Do mesmo modo, o cristão, longe da fonte de "água viva", que é Cristo, dos sacramentos, da oração, da missão, das boas obras... morre, perde a força e o sentido da vida. Não se vai sozinho ao Paraíso, mas acompanhado.

Deixe, então, que seu coração se abra à força do Espírito Santo. Não tenha medo dos seus sentimentos, do seu medo, das suas dúvidas. Peça ao Senhor que as suas raízes estejam na Palavra de Deus, que a sua vida seja um ramo vivo na videira que é Jesus, deixe-se "podar" por Deus, purificar para produzir frutos, para você e para os outros.

Questionário

- Como você pode viver hoje este salmo?
- O que o espera no trabalho? O que encontrará ali? Quais serão suas reações?
- Você é capaz de ser forte e corajoso, pleno de ternura, sempre guiado pela Palavra de Deus?

Minha oração

Senhor, a alegria, a felicidade, é um dom do teu amor que jamais me abandona, mas é também fruto da minha vontade, do meu esforço. Peço-te a luz do Espírito Santo para fugir da contaminação do mal. Estou no mundo, mas não devo ser do mundo. Livra-me do mundanismo "espiritual", da aparência de bondade. Que eu faça do Evangelho a minha luz e minha força. Que eu saiba escolher o bem a todo instante, que minhas palavras e ações não ofusquem a glória de Deus e o bem dos irmãos e irmãs. Dá-me, Senhor, a verdadeira sabedoria, e que eu não seja "palha" levada pelo vento, mas sempre radicado na fé. Peço-te o auxílio e a intercessão da Virgem Maria: como ela, eu saiba dar o meu "sim" à tua vontade, escondida nas coisas deste mundo. Amém.

Faça sua oração.

Colocar em prática

Não seja apressado no agir e no falar. Esteja atento às seduções da corrupção, ao dinheiro "fácil". Viva aberto ao diálogo com todos, deixando-se guiar pelo Espírito Santo, que lhe dirá como agir. Não julgue pela aparência, mas pelo agir, pois as ações são os frutos bons ou maus.

Salmo 2
O triunfo do Messias

Não há maior consolação do que ouvir a voz de Deus Pai, que, dirigindo-se a cada um de nós, proclama com orgulho e alegria: "Tu és meu filho, eu hoje te gerei".

Santo Hipólito diz: "Os primeiros salmos não têm título porque o primeiro fala do nascimento de Cristo e o segundo, da Paixão do Senhor". Na leitura cristã, Jesus é o princípio e o fim.

Trata-se de um salmo real que manifesta a realeza de Deus, um rei que não oprime, não domina, mas salva.

A pessoa oculta em todos os salmos é sempre o Messias, o Filho de Deus, o Ungido, o Consagrado. Entretanto, deve-se também aplicá-lo a cada um de nós: Deus nos ama como filhos queridos. Diante dele não somos jamais simplesmente números, mas sim indivíduos criados só por amor, que carregam em si mesmos a imagem de Deus criador e do Verbo feito carne por obra do Espírito Santo.

Servi ao Senhor com reverência

¹ Por que se amotinam as nações e os povos intentam vãos projetos?

² Insurgem-se os reis da terra e os príncipes conspiram, unidos, contra o Senhor e contra seu Ungido:

³ Quebremos os grilhões, lancemos para longe suas algemas!

⁴ Ri-se aquele que habita no céu, o Senhor zomba deles.

⁵ E depois lhes fala com ira e os espanta com sua cólera:

⁶ "Eu mesmo estabeleci o rei em Sião, no monte santo".

⁷ Vou proclamar o decreto do Senhor. Ele me disse: "Tu és meu filho, eu hoje te gerei.

⁸ Pede-me, e eu te darei as nações por herança, os confins da terra em propriedade;

⁹ Hás de esmagá-las com cetro de ferro, despedaçando-as como vaso de oleiro".

¹⁰ E agora, reis, sede sensatos, ficai prevenidos, juízes da terra!

¹¹ Servi ao Senhor com reverência, estremecei de temor,

¹² prestai-lhe homenagem com sinceridade, para não perecerdes no caminho, por sua indignação, porque num instante se acende sua ira. Felizes os que nele se refugiam!

Rezar o salmo com Israel

Este salmo é, sem dúvida, real e ao mesmo tempo litúrgico. Era cantado na festa de coroação do rei, não só em Israel, mas também no ritual de proclamação dos faraós egípcios, quando, a fim de sublinhá-los e fazer crer que eram semidivinos, proclamavam-nos "filhos de Deus".

Para o povo de Israel, por sua vez, o rei representava, em parte, a expectativa do *messias*, palavra que quer dizer "consagrado, ungido", traduzido em grego da palavra *Christós*, Cristo, o ungido do Senhor. É claro que o salmista não alude explicitamente ao Messias-Jesus, mas é possível perceber uma sutil profecia. A expressão "tu és meu filho" refere-se, em primeiro lugar, ao rei, considerado filho de Deus; mais tarde é atribuída a Jesus por seus discípulos e, por fim, estendida a cada um de nós, por participação, porque somos filhos amados de Deus, com seu amor eterno que se prolonga de geração a geração.

Rezar o salmo com Jesus

No Novo Testamento há muitíssimas alusões a este salmo, às vezes explícitas, outras implícitas. É impossível não recordá-lo no dia de Natal, em que contemplamos o mistério dos mistérios: o Verbo, Filho de Deus, gerado por obra do Espírito Santo no seio da Virgem Maria, e que, ao mesmo tempo, com sua humanidade, veio habitar entre nós (Jo 1,1ss.). A passagem de Lucas 1,32 faz referência explícita ao Messias Filho de Davi, Rei para sempre.

Este salmo, posteriormente, será citado explicitamente, para manifestar a força da ressurreição, tanto nos Atos dos Apóstolos (13,32) como na Carta aos Hebreus (1,5). O salmista canta sempre a vitória do Rei como ponte entre o povo, os sumos sacerdotes e os profetas. Estas três categorias de pessoas devem caminhar em sintonia, não em desacordo, ou, pior, em luta ou em contraste entre si, ainda que devam agir com certa autonomia e independência.

Rezar o salmo com a Igreja

A Igreja está sempre atenta à leitura dos salmos em perspectiva cristológica. É o Cristo, o Messias consagrado e ungido do Senhor, que nos fornece a chave de leitura deste salmo, em particular nas festas nas quais somos chamados a reavivar nossa consciência de cristãos contemplando Jesus como o Filho único do Pai, gerado nos séculos, mas não criado, como professamos no "Creio".

Cada um de nós é criado no tempo, mas caminha para a eternidade sem fim. Também a nós disse o Pai: "Tu és meu filho". Vivemos em um tempo no qual a paternidade tornou-se frágil e deve ser recuperada, tanto a paternidade humana como a divina. As lutas, as guerras, as divisões não se vencem jamais com as armas, mas unicamente com a paz, o amor, o perdão.

Trata-se, portanto, de um salmo real, recitado várias vezes na *Liturgia das Horas*, como também na liturgia eucarística e no segundo domingo depois da Páscoa, quando assume uma clara referência à ressurreição do Senhor Jesus, vencedor da morte, referindo-se à libertação da prisão dos Apóstolos Pedro e João, narrada nos Atos dos Apóstolos (4,23-31). Ele poderá ser usado com proveito na oração comunitária e para uma boa *Lectio divina*.

Releia o salmo.

Meditar o salmo

Como você vive a comunhão consigo mesmo, com a família, com a comunidade, com o mundo onde você trabalha e se diverte? Você luta constantemente, é um construtor de paz? Neste salmo, com vago fundo bélico, o Senhor "ri e chora" das nossas guerras inúteis. Seu Reino de paz será sempre vitorioso, porém com a colaboração humana, graças à minha e à sua colaboração.

Ore por todos os governantes do mundo que se creem "reis eternos", que, às vezes, como o rei Herodes, temem que surja um novo príncipe, têm medo de perder o poder, e se empenham em eliminar vigorosamente todos os concorrentes, com violência, frieza, usurpação e injustiças.

Há pequenos e grandes faraós ou ditadores também dentro de nós, e só podemos eliminá-los aprendendo a colocar-nos com solidariedade a serviço do próximo.

Questionário

Convido você a fazer um instante de silêncio e ouvir a voz de Deus, que fala ao seu coração. Você é instrumento de paz ou sopra as cinzas para que tudo pegue fogo?

Quando eu era jovem, estava sempre pronto, com uma garrafa de benzina e um fósforo, para criar polêmica, para "acender" cada situação. Hoje estou mais para ser, sobretudo, um... bombeiro, procurando extinguir todos os fogos perigosos. Creio que é essa nossa missão: "Bem-aventurados os pacíficos, porque serão chamados filhos de Deus" (Mt 5,9).

MINHA ORAÇÃO

Senhor, sou feliz por ouvir-te anunciar Jesus como o teu Filho amado, pedindo-nos que o ouçamos, porque sua palavra é vida e caminho para nós. Sou feliz pelo batismo que me dá alegria de chamar-te de Pai e torna-me capaz de ouvir-te dizer que também sou teu filho amado, desde sempre. Dá-me coragem de ser fiel ao teu amor, de não ter medo das dificuldades e da cruz que a vida me oferece. Mesmo se ao meu redor levantam-se vozes, os desejos do egoísmo e do orgulho, que eu saiba combatê-los com a força do teu santo Espírito. Não quero ser um espectador passivo na tua e na minha Igreja, mas teu anunciador, pois és o Rei da vida e da história; sem ti, sou um ramo seco, uma planta decorativa que não produz frutos. Amém.

Faça sua oração.

Colocar em prática

O que você pode fazer, na sua pequenez, para construir pontes de fraternidade na luta interna e externa que vê ao seu redor? Criticar e não agir é classificado como "pecado de omissão". No início da celebração eucarística, a Igreja nos convida a reconhecer e a confessar nossos pecados, por palavras, atos e omissões. Lavar as mãos como o procurador romano Pilatos não é virtude, e é também pecado omitir auxílio e não fazer o que está ao nosso alcance.

Salmo 4
Exortação à confiança em Deus

Este salmo é considerado como de ação de graças antes do anoitecer. É a oração que conclui o nosso dia de trabalho, de luta, de esperança, de sonhos realizados, mas também de sofrimentos e desilusões. Talvez tenhamos dificuldade em ser fiéis, em permanecer honestos diante das tentações de revolta. Estivemos a ponto de falar mal dos outros, de dizer mentiras ou de ofender alguém. Que fazer nessas circunstâncias? Nada nos resta senão pedir perdão, pedir a Deus, quase aos gritos, para que não caiamos diante do mal, de maneira que a alegria volte aos nossos corações. É um salmo de confiança e de abandono.

Não esqueçamos, porém, que a jornada se prepara pela manhã: devemos habituar-nos a programar nossa agenda em companhia de Deus, com Ele prever o que pensamos fazer, quem desejamos encontrar, as dificuldades e possíveis contrastes e lutas para permanecermos fiéis à sua Palavra e à nossa vocação.

Espero a noite, tranquilo e sereno

¹ Ao regente do coro. Para instrumento de corda. Salmo de Davi.
² Responde ao meu clamor, Deus de justiça! Tu, que no aperto me alargaste o espaço, tem piedade de mim e escuta minha oração!
³ Até quando, ó homens, para opróbrio de minha honra, preferireis a ilusão e recorrereis à mentira?
⁴ Sabei que o Senhor opera maravilhas em quem é fiel!
O Senhor me escuta quando o invoco.
⁵ Quando vos indignardes, não pequeis, mas meditai durante o repouso e silenciai!
⁶ Oferecei os sacrifícios prescritos e confiai no Senhor!
⁷ Muitos dizem: "Quem nos fará experimentar felicidade?", pois a luz da tua face, Senhor, fugiu de nós.
⁸ Mas tu deste ao meu coração mais alegria do que outros têm na fartura de trigo e vinho.
⁹ Em paz me deito e logo adormeço, porque, Senhor, só tu me fazes viver em segurança.

Rezar o salmo com Israel

Jamais devemos esquecer que os salmos são orações e poesias às vezes entrelaçadas de pranto, de dor, de raiva, por constatarmos nossa impotência, circundados por pessoas sem fé que escarnecem e desprezam nossa atitude honesta de quem teme a Deus. A palavra esconde quase um "forte grito", um uivo de súplica diante do silêncio de Deus e o vozerio daqueles que não têm fé.

O fiel do salmo vê-se circundado por povos pagãos, pelos que procuram enriquecer-se, oprimir os demais, sobressair-se, sufocando os pobres e pensando só em si mesmos. Quem ama a Deus não quer ceder a essa "tentação" e refugia-se no Templo, mergulha-se numa vigília de oração, empreende uma "peregrinação", subindo ao Templo para pedir forças a Deus a fim de permanecer fiel e perseverante. Sofre ao ver que muitos abandonam o Deus Vivo para adorar ídolos surdos e mudos. Nesse sentido, o mundo mudou pouco...

Rezar o salmo com Jesus

Jesus não dizia "a oração", embora fosse oração. Toda sua vida foi um hino de louvor e de súplica ao Pai por nós. Assim, podemos dizer que toda palavra de Jesus, todas suas ações, eram oração de comunhão. O salmo mais belo vivido foi a vinda de Jesus em nosso meio.

Orando este salmo em silêncio, o crente em Cristo memoriza numerosas passagens evangélicas, como a narração da ressurreição de Lázaro (Jo 11,41-42) e do zelo de Jesus na expulsão dos vendedores do Templo (Mc 11,15-19). O cristão reza com a certeza de que Jesus entra em comunhão com aquele que reza com fé, pedindo ajuda: "Pedi e recebereis, batei e vos será aberto, buscai e achareis" (Mt 7,7ss.). Jesus, como todo bom israelita, tinha os salmos no sangue, no coração, na vida. Com Ele, rezamo-los ainda hoje.

Rezar o salmo com a Igreja

Este salmo 4 é considerado o compêndio do crente que, ao cair da tarde, sente-se cansado em combater a fim de não cair nas redes da mentira e da malícia humana. Sente-se cansado e necessitado de repousar nos braços de Deus Pai, para um repouso sereno e tranquilo, a fim de recuperar as energias. Percebe que sozinho jamais poderá vencer o mal que o circunda.

A Igreja, mãe benévola, sabe que ao final de cada jornada temos necessidade de confortar nosso coração. Quem de nós já não teve a dura experiência de noites de insônia, de ansiedade, de preocupações por erros cometidos, ofensas recebidas? Tudo isso deve ser colocado no fogo do amor purificador de Deus, na certeza de que o seu perdão nos devolverá a paz no coração. Mas, se a oração for individual, devemos aprender todos os dias a destruir a barreira do ódio, da antipatia, que nos impede de caminhar juntos para a única meta, o Cristo Jesus, Salvador da humanidade, aquele que trouxe a salvação a todas as gentes.

A *Liturgia das Horas* nos convida a rezar este salmo na oração da noite, nas Completas, após as primeiras Vésperas do domingo (sábado à noite), e também no salmo responsorial da liturgia eucarística do terceiro domingo de Páscoa (ano B), segundo o Rito Romano. É um salmo que pode nos ajudar a descobrir que a força de Deus jamais nos deixa sós nas tentações da vida. Não devemos temer pedir a Deus a conversão, nossa e de todos os pecadores.

Releia o salmo.

Meditar o salmo

Existem dias escuros na vida nos quais tudo nos parece inútil e, ao nosso redor, tudo conspira para nos fazer cair, como, por exemplo, pessoas que nos armam armadilhas de todas as partes. Não obstante isso, sentimos arder em nosso coração a chama do amor de Deus e desejamos gritar a todos com o salmista: "Quando vos indignardes, não pequeis, mas meditai durante o repouso e silenciai!" (Sl 4,5). Quais são os sentimentos do seu coração às palavras do salmista? Qual é a mensagem pessoal para sua vida diária, para sua missão?

Portanto, deixe que o Espírito Santo aja livremente em você. Deixe ressoar alguma palavra do salmo e, a seguir, formule-a, como lhe apraz, em oração por aqueles que você vê ou pensa que estão afastados de Deus, que buscam também no escuro a luz da verdade e da fé. Pense em quem, não obstante se declare "incrédulo", é altruísta, realiza boas obras e ajuda os pobres; é a fé do coração que se torna solidariedade e amor.

Questionário

- Como fortalecer minha fé em um mundo sempre mais descristianizado e materialista?
- Como resistir neste mundo, no qual se deseja anular a força da cruz de Cristo?
- Como reagir ao sincretismo religioso, sempre mais presente hoje, sendo uma verdadeira idolatria?

Santa Edith Stein dizia: "O mundo não será salvo pela fenomenologia, mas pela Paixão, morte e ressurreição de Jesus…"

MINHA ORAÇÃO

Senhor, como é belo, mesmo nos dias mais escuros, sentir a tua presença invisível, o hálito do teu Espírito que me dá vida, a tua mão que me conduz e que não permite as quedas ante o peso do pessimismo e da apatia. Não permitas que eu desista diante das dificuldades e me refugie em uma religião vazia, superficial e sem empenho. Sei que, para amar-te, devo ir além do medo e ver em mim e no outro a tua imagem, aquela que o Pai nos revelou por meio do Espírito Santo em ti, seu Filho e nosso irmão na carne, Jesus de Nazaré. Não posso fechar os olhos às novas realidades do mundo em que vivo. Não são as antigas idolatrias do tempo do salmista, mas novos ídolos vazios, mudos e surdos que me seduzem: os ídolos do poder, do prazer, da indiferença e do individualismo. Dá-me olhos para vê-los e reconhecê-los. Dá-me força para afastá-los da minha vida. Hoje desejo viver na tua presença e, à noite, quero deitar-me e dormir com tua bênção, não só para mim, mas para toda a humanidade que recusa o teu amor.

Faça sua oração.

Colocar em prática

No início do dia, antes do trabalho, programe sua agenda com Deus: como você imagina viver hoje este salmo? Como deseja realizá-lo? Ao findar o dia, recorde-se da palavra que os discípulos de Emaús disseram a Jesus: "Fica conosco, Senhor, já é tarde e o dia declina" (Lc 24,29). Naquele momento reconheceram Jesus ao partir o pão: é só assim que se reconhece Jesus, *partindo o pão da mesa, da cultura, do amor, da vida.*

Salmo 8
Glória de Deus e grandeza do homem

É um dos salmos mais belos do Saltério, teológica e antropologicamente, no qual podemos perceber, desde a primeira palavra, o respeito do homem para com Deus: "Senhor, nosso soberano, como é grandioso teu nome em toda terra! O hino à tua majestade, acima dos céus..." Esta exaltação era repetida pelo povo reunido, talvez por ocasião de uma festa noturna, sob o primeiro Templo criado por Deus, isto é, sob um céu repleto de estrelas, belo como poderia ser um céu do Oriente, quando ainda não era contaminado pela poluição.

Percebe-se nele toda a fé do homem que não sabe explicar as maravilhas do criado, senão as atribuindo ao Deus Criador. A ciência mal compreendida nos afasta de Deus; a ciência bem compreendida, no verdadeiro sentido, aproxima-nos dele cada vez mais.

Hino ao Criador do Homem

¹ Ao regente do coro. Com a lira de Gat. Salmo de Davi.

² Senhor, nosso soberano, como é grandioso teu nome em toda terra! O hino à tua majestade, acima dos céus,

³ na boca das crianças e dos pequeninos, é a força que se opõe aos teus adversários, para dobrar inimigos e rebeldes.

⁴ Quando contemplo o céu, obra de teus dedos, a lua e as estrelas que fixastes,

⁵ o que é o homem, para que te lembres dele, o ser humano, para que com ele te ocupes?

⁶ Tu o fizeste um pouco inferior a um ser divino, tu o coroaste de glória e esplendor;

⁷ deste-lhe o domínio sobre as obras de tuas mãos, tudo lhe submetestes debaixo dos pés:

⁸ as ovelhas e todos os bois, e até os animais selvagens,

⁹ as aves do céu e os peixes do mar, tudo que abre caminho pelo mar.

¹⁰ Senhor, nosso soberano, como é grandioso teu nome em toda a terra!

Rezar o salmo com Israel

Este salmo 8 era chamado de "catecismo de Israel". Nele, encontramos a fé em um só Deus, YHWH, que manifesta o seu poder criador sobre todas as coisas, fazendo-as surgir do nada e doando-as ao homem para que cuide delas. É belo reler Gênesis 1,1-29: é a memória das "*mirabilia Dei*", o canto das maravilhas do Senhor. Tudo é obra de Deus, porém, qual é a obra-prima de Deus por excelência? O *homem*, o ser humano! Grande mistério de amor! Não obstante todo progresso da ciência, o homem permanece mistério a si mesmo. Quem somos? A própria palavra de Deus responde: "Façamos o homem a nossa imagem e semelhança", diz o texto de Gênesis, e este salmo faz eco, partindo da experiência humana.

Ainda mesmo antes de ser um cântico de assombro sobre a grandeza do homem, ele canta a *grandeza de Deus*; não *o que* é o homem, mas quem é *o homem*? Uma centelha de Deus que impulsiona e convida a buscar a fonte da luz, do fogo e da vida, o próprio Deus, fonte de tudo.

Rezar o salmo com Jesus

A teologia dos pequenos, dos frágeis e dos últimos atravessa inteiramente todo o Antigo Testamento, como um rio subterrâneo, assim como também o Novo Testamento. Jesus cita este salmo na entrada triunfante em Jerusalém, com a intenção de confundir os fariseus que pensavam ser os únicos defensores da verdade:

> Achegaram-se dele cegos e coxos, no Templo, e ele os curou. Vendo os sumos sacerdotes e os escribas as maravilhas que fazia, e as crianças que gritavam no Templo, dizendo: "Hosana ao Filho de Davi", indignaram-se, e lhe falaram: "Ouves o que eles dizem?" Em resposta Jesus lhes disse: "Sim, nunca lestes: da boca das crianças e dos que mamam, tiraste um louvor?" E, deixando-os, saiu da cidade para Betânia, onde passou a noite (Mt 21,14-16).

Jesus, em um profundo momento de oração, oferece-nos a via da pequenez para conhecer os mistérios do Reino, que permanecem escondidos aos doutos e sábios deste mundo, enquanto são revelados aos pequenos: "Naquela ocasião, Jesus tomou a palavra e disse: 'Eu te louvo, Pai, Senhor do céu e da terra, porque ocultaste estas coisas aos sábios e entendidos e as revelaste aos pequeninos. Sim, Pai, porque assim foi do teu agrado'" (Mt 11,25-26).

Teresa do Menino Jesus é para todos nós o exemplo vivo da "pequena via", a via da confiança e da pequenez como dom de Deus. Talvez devamos pensar por um instante no procurador romano Pilatos, quando, no momento de apresentar Jesus, desfigurado pelas torturas, diz à multidão (enfurecida e incitada pelos sumos sacerdotes) que pede sua crucifixão, a famosa frase: "*Ecce homo*", "Eis o homem"...

Com esta frase, é representada uma vez mais a pergunta fundamental sobre o mistério humano, que angustia e perturba os seres humanos: quem é o homem? De onde vem? Onde está? A única resposta bíblica é o homem como imagem e semelhança de Deus, o homem proveniente de Deus, em viagem ao seu regresso definitivo a Deus. O mistério da Encarnação, da Paixão e morte de Jesus é verdadeira teologia e antropologia. Contemplamos em todo ser humano, sem distinção, o reflexo de Deus, como ensina – entre outros – Inácio de Antioquia: "A glória de Deus é o homem vivo".

Rezar o salmo com a Igreja

A Igreja, sempre atenta aos sinais dos tempos e dos lugares, faz deste salmo o cântico da grandeza de Deus e, ao mesmo tempo, da grandeza e pobreza do homem que busca sua felicidade, mas só pode encontrá-la no Senhor. O ser humano, no mundo contemporâneo, muitas vezes por causa de sua pobreza, limitações ou vulnerabilidade, foi reduzido a um descarte, um ser que pode ser descartado, colocado de lado na sociedade do "usa e joga fora". Devemos recuperar a verdadeira imagem do homem vindo de Deus; dessa visão decorrem todos os deveres com a vida, desde a concepção até seu final. É bom recordar a palavra de Jesus, a famosa "regra de ouro": "O que desejais que os outros vos façam, fazei-o também a eles" (Lc 6,31).

Releia o salmo.

Meditar o salmo

Se possível, busque reviver este salmo em uma noite estrelada, com uma esplêndida lua cheia, e pense em sua beleza misteriosa: os astros não têm a capacidade de louvar, pensar, agir e decidir. Pense na grandeza da liberdade do ser humano, que recebeu de Deus a capacidade de escolher, edificar e destruir; pense na fome e sede de riqueza que o impulsionam a devastar a natureza, a envenenar a criação. Leia com calma a encíclica do Papa Francisco *Laudato si'*, sobre o "cuidado da casa comum", o cuidado da criação, do universo, por parte do homem, o projeto criador de Deus narrado em Gênesis.

Recolha-se alguns instantes em silêncio, procure descer nas profundezas de si mesmo e encontrar-se com seu "eu", o sacrário onde habita o próprio Deus. Pense que os outros podem conhecer Deus por meio de suas ações, de seu amor, mas também afastar-se de Deus por suas ações ou palavras. Agradeça ao Senhor por aquilo que você é.

Conto-lhe uma pequena história: certa vez, uma criança estava olhando um escultor, que trabalhava em um grande pedaço de mármore, e perguntou-lhe: "Por que está estragando este mármore com o seu martelo?" O escultor respondeu-lhe: "Dentro deste bloco de mármore está escondida uma belíssima imagem de Santa Teresa do Menino Jesus, com um belo maço de rosas". A criança, então, permaneceu ali, encantada, para ver o fim do trabalho, quando a imagem estivesse completa.

O mesmo vale para nós: devemos trabalhar nosso ser, esculpir dia a dia, para emergir de nós a imagem de Jesus que ama a todos.

Questionário

- Sou consciente de ser a imagem de Deus, a face revelada de Jesus?
- Sou consciente de que *todos* somos imagem de Deus?
- Como vivo as relações com o próximo? Com amor ou como um ditador?
- Respeito e protejo a natureza como primeiro Templo de Deus?

MINHA ORAÇÃO

Senhor, agradeço-te por ter sido criado, por ser uma imagem tua, mesmo que imperfeita, e uma reprodução da tua face que resplandece no teu Filho Jesus, que, por nosso amor, se fez carne e se tornou um de nós, exceto no pecado. Jesus não veio para fazer turismo sobre a terra, mas para dizer-nos que devemos amar uns aos outros como Ele nos amou. Nossa vocação é amar, servir, ter os olhos do amor sempre abertos para ver o sofrimento dos irmãos e irmãs, e fazer algo para ajudá-los a sair da pobreza e restituir-lhes a dignidade. Senhor, confesso-te que permaneço fascinado pela ciência psicológica e médica, pelos progressos da tecnologia, porém devo também confessar que sinto medo de que o homem possa ceder à tentação de crer-se um pequeno Deus, pensar em substituir-te, colocando-te à parte. Ajuda-nos a não cair nessa armadilha diabólica. Dá-nos a luz do Espírito Santo e a humildade de fazer de ti o centro de todos nós, homens frágeis ao teu serviço e ao serviço dos irmãos, e que a sede de experiência não destrua a tua e a nossa grandeza. Faze que jamais possamos abusar das pessoas humanas, mas respeitá-las, amá-las e louvar nelas a tua e a nossa imagem. Maria, Mãe do Filho de Deus, dá-nos a alegria de ser "cristóforos", portadores de Cristo. Amém.

Faça sua oração.

Colocar em prática

Santa Teresa do Menino Jesus dizia: "Só por hoje desejo te amar, Jesus". Não percamos muito tempo lamentando o passado, nas insatisfações do presente, em projetar o futuro. Devemos ter a capacidade de concentrar-nos no momento presente, dando-lhe valor de eternidade. Em vez de se preocupar com o hoje, viva este dia na ação de graças do que você é. Que também nossos pecados possam ser "reciclados" e transformar-se em coragem, força e confiança de que – graças a Deus! – venceremos o mal que está em nós.

Salmo 14(13)
Castigo da corrupção geral – O canto do ateu

Muitas vezes se repete a frase do filósofo Nietzsche: "Deus está morto". O ateísmo teórico e prático não é uma novidade dos nossos tempos, sempre existiu. Às vezes nos revestimos de "religiosos" na aparência externa, mas na realidade vivemos como ateus, fazemos pouco caso de Deus, relegando-o a um cantinho da nossa consciência ou, pior ainda, zombando de sua presença, ao crer que poderemos tomá-lo de volta vivendo, falsamente, uma segunda vida. Hoje o ateísmo está presente em todas as religiões. Foi até criada "a igreja dos ateus". O ser humano sem Deus torna-se ridículo, se não tem uma consciência reta.

Este salmo é o retrato de uma realidade que pertence a todos os tempos e a todas as culturas. Sempre me interroguei sobre isso e cheguei a uma conclusão que para mim faz sentido, mesmo que para alguns pareça infantil: se eu não creio em alguma coisa, não quebro a cabeça para negá-la; se não creio, não me perturba e lhe sou indiferente. Evidentemente, não é assim para Deus: Ele constitui uma "inquietação" tanto para quem crê como para os ateus que o negam e não dormem tranquilamente a fim de buscar sempre novos argumentos para negá-lo, sem jamais conseguir.

Prece em meio à corrupção geral

¹ Ao regente do coro. De Davi.
Dizem os insensatos em seu coração: "Não há Deus".
Corrompem-se, cometem abominações; não há quem faça o bem.
² Do céu, o Senhor observa os filhos dos homens para verificar se há algum sensato,
alguém que busque a Deus.
³ Todos igualmente se extraviam e se corrompem;
não há quem faça o bem, nem um sequer.
⁴ Acaso nenhum desses malfeitores toma consciência?
Devorando seu pão, eles comem meu povo, sem defrontar-se com o Senhor.
⁵ Eis que serão tomados de terror, porque Deus está com a geração dos justos.
⁶ Quereis confundir o intento do desvalido, quando o Senhor é seu refúgio?
⁷ Queira Deus que de Sião venha a salvação de Israel!
Quando o Senhor acabar com o cativeiro de seu povo,
Jacó exultará, Israel se alegrará.

Rezar o salmo com Israel

As práticas exteriores, os incensos, as vestes, as celebrações em si não revelam a fé em Deus, se não forem acompanhadas pela adesão interior. Só Deus, que vê o coração humano, pode conhecer a nossa coerência e a coincidência entre o exterior e o interior.

O salmista, claramente, é um crente em Deus que se encontra exilado e experimenta a pobreza e a incapacidade de contradizer as críticas contra a sua religião. Sente-se parte de uma minoria insignificante, e o seu grito é uma revolta submissa contra a idolatria. Ele nota, com certo pessimismo, que todos aqueles que adoram outras "divindades" são ateus, insensatos, obtusos, opositores pervertidos. Seus olhos não podem enxergar o bem, ninguém faz o bem, exceto ele mesmo...

Não se pode pretender uma abertura ecumênica nem que o salmista veja as "sementes" de verdade e bondade em todos os corações, crentes ou não, dos que agem com reta consciência. Só os fiéis ao Deus de Israel terão a glória plena.

Rezar o salmo com Jesus

Se orarmos apressada ou superficialmente este salmo, seremos constrangidos a emitir juízos: ele é muito violento, não há nada da linguagem mansa e do agir amoroso de Jesus. Mas não é exatamente assim... Dizia Jesus: "Não são os que dizem 'Senhor, Senhor!' que entrarão no reino dos céus, mas os que ouvem e praticam a minha palavra" (Mt 7,21); ou também: "Quando jejuares, orares ou deres esmolas, não toques a trombeta diante de ti, para que todos saibam e conheçam as tuas obras..." (Mt 6,2-4).

Jesus sempre condenou a exterioridade, a inutilidade das práticas religiosas que não procedem do coração, da fé e da vida. "Quando vier o Filho do homem, encontrará fé sobre a terra?" (Lc 18,8), pergunta-se Jesus. Podemos citar também a passagem em que o Apóstolo Paulo menciona alguns versículos deste salmo, intercalando-os com versículos de outras passagens bíblicas, em sua Carta aos Romanos 3,9-12:

> E então? Temos vantagem sobre eles? Não em tudo. Pois já provamos que judeus e gregos, todos estão sob o poder do pecado, conforme está escrito: *Não há justo, nem mesmo um* só, não há quem seja sensato, não há quem busque a Deus. Todos se extraviaram, todos juntos se corromperam. Não há quem faça o bem, não há um só.

Rezando este salmo com Jesus, somos interpelados a rever as nossas práticas religiosas: elas são fruto da fé ou simplesmente da conveniência social?

Rezar o salmo com a Igreja

O homem bíblico é alimentado pela Palavra de Deus, conservando-a no coração e na vida. Por isso podemos encontrar alguma semelhança entre a linguagem do salmista e a de outros textos bíblicos, conhecidos ou ouvidos, dos anciãos. Neste salmo ouvimos ressoar uma página do livro de Gênesis 6,2, onde se fala da destruição da humanidade, em razão dos seus pecados, pelo dilúvio, no qual, porém, o amor de Deus salva sempre um "pequeno resto", uma minoria que leva a vida adiante, que testemunha seu amor misericordioso.

A Igreja, como toda comunidade humana, está sempre circundada tanto pelo bem como pelo mal; portanto, é sustentada pela esperança e pela possibilidade de conversão continuamente oferecida por Deus em Jesus, pois: "Não são os que têm saúde que precisam de médico, e sim os enfermos" (Mt 9,12). No mesmo sentido afirma o profeta:

> Acaso tenho prazer na morte do ímpio – oráculo do Senhor Deus. Não desejo antes que mude de conduta e viva? [...] Pois eu não sinto prazer na morte de ninguém que morre – oráculo do Senhor Deus. Convertei-vos e vivereis! (Ez 18,23.32).
>
> Juro por minha vida – oráculo do Senhor Deus – não tenho prazer na morte do ímpio, mas antes que ele mude de conduta e viva! (Ez 33,11).

O salmo 14 é penitencial, não distante da nossa realidade neomodernista, feita de sincretismo e "liquidez" religiosa, em que se busca uma religião que concorde com a quietude espiritual e a observância exterior das práticas. O problema do mal continua sempre sem solução. Não há resposta pré-fabricada. Cabe a nós a responsabilidade de dar sentido a nossa vida.

Releia o salmo.

Meditar o salmo

Que oração nasce do seu coração após este salmo? A oração não é um exercício intelectual, mas um "olhar de amor e de confiança". A situação em que se encontra o salmista nos convida a uma leitura atualizada do salmo, modulada sobre a nossa atual situação, na qual também nós, muitas vezes, experimentamos angústia diante de certas vias religiosas da humanidade e de alguns grupos no interior da própria Igreja cristã, ou estamos amedrontados por tantas divisões e subdivisões do "cristianismo". Jamais podemos perder a esperança e esquecer a oração de Jesus que pede ao Pai a unidade para nós:

Não rogo apenas por eles, mas por todos que creem em mim por sua palavra. Que todos sejam um como tu, Pai, estás em mim e eu em ti, para que eles estejam em nós, e o mundo creia que tu me enviaste. Dei-lhes a glória que tu me deste, a fim de que sejam um como nós somos um. Eu neles e tu em mim, para que sejam perfeitos na unidade, e o mundo conheça que tu me enviaste e que os amaste, como amaste a mim (Jo 17,20-23).

Questionário

- Em que situação de perigo se encontra sua fé?
- Qual é a sua reação diante daqueles que se declaram "ateus"?
- Como você dialoga com os fiéis de outras religiões? Você vê o lado bom deles ou sempre e somente o lado ruim?
- Na vida prática, você se comporta como se Deus não existisse, ou nas suas decisões deixa-se guiar pela sua Palavra e pelos ensinamentos da Igreja?

MINHA ORAÇÃO

Pai, criador do céu e da terra, que desde o início da criação do mundo fizeste boas todas as coisas, criaste o homem e a mulher a tua imagem e semelhança, e, após tê-los criado, comprouveste-te de tua obra, dizendo: "São muito boas, belas, perfeitas". Ouve minhas dúvidas: por que existe o mal? De onde vem? Por que continua a existir? Muitas vezes vacilo na noite da dúvida, não compreendo a tua lógica, Deus, nem resisto à sedução do mal. Não obstante as quedas, quero ser-te fiel e cantar o teu louvor contra o canto dos ateus, que gritam vitória sempre mais forte. Peço-te, Pai e Senhor de minha vida, que não me abandones às tentações de negociar a religião como um bem comerciável a fáceis promessas. Que a cruz de Cristo seja para mim a garantia de que o mal jamais poderá vencer o bem, que meus olhos e meu coração estejam sempre orientados para ti – ó Deus –, que te revelaste em Jesus, tua palavra viva feita carne e salvação. Amém.

Faça sua oração.

Colocar em prática

Aprenda lentamente a não se deixar agredir pela incredulidade dos "ateus", seja coerente com sua fé, não se lamente, saiba sempre ver o bem e não só o mal, e também pedir a Deus a firme esperança de que jamais o mal prevaricará o bem. Qual virtude você pensa ser a mais importante nesta vida: o amor, a fé ou a esperança?

Salmo 15(14)
Na intimidade com Deus

Este é um bom salmo para iniciar uma oração e fazer um exame de consciência. Não podemos nos apresentar diante do Senhor sem provar um forte desejo de purificação de nossos pecados. Muitas vezes temos necessidade de que nos sejam feitas algumas perguntas que nos ajudem a reconhecer que somos pecadores. No salmo encontramos onze afirmações que iluminam o agir humano, orientado pela Palavra de Deus, pelos mandamentos e por uma vida "honesta", que, com sua transparência, se torna motivo de crise para os que são incoerentes.

Prece na casa de Deus

¹ Salmo de Davi.
Quem, Senhor, poderá hospedar-se em tua tenda?
Quem poderá habitar em teu monte santo?
² Aquele que procede com honradez e pratica a justiça;
que, do fundo do coração, diz a verdade
³ e não traz a calúnia na sua língua;
que não causa dano ao próximo nem ultraja o vizinho;
⁴ que olha com desprezo o infame e preza os que temem o Senhor;
que, prejudicado por seu juramento, não se retrata;
⁵ que empresta dinheiro sem usura e não se deixa subornar contra o inocente.
Quem assim procede, jamais será abalado.

Rezar o salmo com Israel

Trata-se de um salmo litúrgico, talvez cantado nas escadarias do Templo pelos sacerdotes que, do alto da escada, convidavam o povo a uma lenta subida para entrar no Templo. É constituído por dez mandamentos baseados em uma reflexão inicial, quase como um exame de consciência:

1. Qual caminho empreender para entrar no Templo?
2. Fazer o bem.
3. Ser "justo e fiel".
4. Dizer a verdade.
5. Não murmurar.
6. Viver em comunhão com o próximo.
7. Não se afastar da comunhão com Deus.
8. Frequentar os amigos de Deus.
9. Ser fiel à palavra dada.
10. Vencer a "fome" de dinheiro.
11. Não se deixar corromper e não ser corruptor.

Após essas determinações, provavelmente se seguia um tempo de silêncio, de aspersão, e o crente descia lentamente em procissão os degraus do Templo para entrar, assim purificado, na solene liturgia dos sacrifícios, com a firme resolução de renovar pessoalmente a aliança feita por Deus com Abraão.

Rezar o salmo com Jesus

Sem dúvida, Jesus – assíduo frequentador do Santuário de Jerusalém nos dias festivos, "escondido", como era seu costume, entre o povo de peregrinos que chegavam de todas as partes da Palestina e da diáspora – deve ter participado da oração de purificação na subida da escadaria do Templo. No anúncio do Reino, podemos encontrar algumas referências a este salmo, dentre as quais a pergunta que lhe foi dirigida: "Bom Mestre, que devo fazer para entrar na vida eterna?" Jesus não dá uma receita imediata, mas remete ao Decálogo, aos mandamentos de Deus, semelhante aos dez degraus de perfeição humana e divina:

> Um certo homem de posição perguntou-lhe: "Bom Mestre, o que devo fazer para alcançar a vida eterna?" Jesus lhe respondeu: "Por que me chamas de bom? Ninguém é bom, senão Deus. Conheces os mandamentos: *Não cometerás adultério, não matarás, não furtarás, não levantarás falso testemunho, honra pai e mãe*". Ele disse: "Todos estes mandamentos tenho guardado desde a juventude". Ouvindo isso, Jesus lhe disse: "Ainda te falta uma coisa: vende tudo que tens e distribui aos pobres, e terás um tesouro no céu; depois vem e segue-me!" (Lc 18,18-23).

Muitos outros são convidados à sinceridade: "Seja vossa palavra sim, se for sim; não, se for não. Tudo o que passar disso vem do maligno" (Mt 5,37); "Ninguém pode servir a dois senhores. Pois ou odiará a um e amará o outro, ou se dedicará a um e desprezará o outro. Não podeis servir a Deus e as riquezas" (Mt 6,24); "E quem der de beber a um destes pequeninos, por ser meu discípulo, ainda que seja um copo de água fresca, em verdade vos digo: não há de perder sua recompensa" (Mt 10,42).

Jesus nos convida a uma vida de integridade para conosco mesmos, para com Deus e para com o próximo.

Rezar o salmo com a Igreja

A Igreja faz deste salmo 15 a voz de Cristo, que nos interpela a respeito de nosso caminho de conversão, antes de participar do seu reino aqui na terra e no Reino definitivo no céu. Quem entrará na casa de Deus? Quem entrará no Paraíso? Podemos reler nesta perspectiva o texto de Mateus: "Tive fome... tive sede... era estrangeiro... doente ou prisioneiro, e me socorrestes" (cf. Mt 25,35). Somos sempre um povo a caminho: nosso coração suja-se com o pó do pecado, da avareza, da sensualidade e do poder; portanto, temos necessidade de purificar-nos antes de fazer nosso sacrifício e celebrar a solene liturgia. A verdadeira liturgia, porém, é a oferta do próprio corpo, como recorda o Apóstolo Paulo:

> Eu vos exorto, pois, irmãos, pela misericórdia de Deus, a que vos ofereçais os vossos corpos como hóstia viva, santa, agradável a Deus. Este é o vosso culto espiritual. Não vos conformeis com os esquemas deste mundo, mas transformai-vos pela renovação do espírito, para que possais conhecer qual é a vontade de Deus, boa, agradável e perfeita (Rm 12,1-2).

Este salmo 15 faz parte da *Liturgia das Horas*: aparece nas vésperas da primeira semana, na liturgia para a dedicação da Igreja, como também na liturgia penitencial. É indicado para se fazer um bom exame de consciência antes da recepção do sacramento da Confissão (Reconciliação).

Releia o salmo.

Meditar o salmo

Meditar sobre o próprio comportamento ao participar da liturgia eucarística: como entramos na igreja, como consideramos e respeitamos o lugar destinado ao nosso encontro com Deus. Há alguns pequenos gestos que perdemos, deixando-os ir por nossa superficialidade, como, por exemplo: fazer o sinal da cruz; ajoelhar-se e rezar, primeiramente, diante do Santíssimo Sacramento e, em seguida, diante das imagens ou reproduções artísticas dos santos de nossa preferência; observar o silêncio etc. São todos gestos de profundo senso de adoração e respeito a Deus.

Questionário

- Qual é meu comportamento diante de Deus e do próximo?
- Sou sincero, honesto, ou procuro meus próprios interesses?
- Sou fiel nas celebrações por causa da minha fé, ou para mostrar-me, ou por hábito?
- Nas minhas tarefas terrenas, nos negócios, sou sincero e justo, ou me deixo guiar pelo lucro, por vantagem e avareza?

MINHA ORAÇÃO

Senhor, Deus do céu e da terra, tudo o que sou e tenho é fruto do teu amor e generosidade. Muitas vezes, esqueço-me de ser generoso contigo e com o próximo, deixo-me guiar pelo desejo exagerado de bem-estar, comodidade e mundanismo espiritual. Peço-te, Senhor, a luz do Espírito Santo, a fim de seguir fielmente os teus ensinamentos. Que eu possa subir a escada da perfeição cada vez mais purificado e repleto de amor pelos mais pobres, e que eu saiba revestir-me do "avental" da humildade, como Jesus na última ceia, e lavar os pés dos meus irmãos e irmãs. Dá-me a coragem de ser verdadeiramente pobre, humilde, e de partilhar o dom da vida com os que sofrem. Não permitas que eu passe ao lado de alguém sem amá-lo. Amém.

Faça sua oração.

Colocar em prática

Renuncie aos falsos "deuses" da modernidade, que tentam contaminar a fé e envenená-la, fazendo-nos esquecer do próximo, como o deus do egoísmo, do prazer e da aparência, que nos leva à falsidade da vida. Se nosso deus for o poder, esforcemo-nos em nos colocar a serviço dos outros; se for o egoísmo, sejamos solidários; se for o dinheiro, sejamos generosos.

Salmo 22(21)
Aflição e ação de graças do justo

"*Eloi, Eloi, lama sabactani?*" [Deus meu, Deus meu, por que me abandonaste?] Sem dúvida, este salmo 22 é o que mais recorda aos cristãos a Paixão e morte de Jesus na cruz. Tem, sobretudo, forte semelhança com o quarto cântico do servo de YHWH (Isaías 52,12–53,12). Ignoramos a identidade do salmista, porém, baseados na leitura de sua palavra, supomos que fosse alguém que, seguramente, vivia um momento particular de extremo sofrimento e solidão, cercado por inimigos qualificados com os nomes de animais ferozes: leões, touros furiosos, cães mastins, búfalos. O sofrimento interior de que era objeto mostra-se tão grande que perpassa todo o texto, como se ele tivesse se tornado "um saco de pancadas."

Em certo ponto, porém, na última parte do salmo, a voz do salmista se transforma em hino de louvor e de ação de graças (*todah*). Essa mudança manifesta que sua confiança em Deus, como libertador e refúgio dos pequenos e dos pobres, jamais faltou em seu coração, nem mesmo na dor. Ao contrário, especialmente na dor, ainda que pareça estar só e abandonado por Deus.

Devemos concluir esta oração com a palavra de Jesus na cruz: "Meu Deus, meu Deus, por que me abandonaste?" Jesus corrige, completa, oferece uma saída ao grito desesperado do salmista, pela oferta de si mesmo, em pleno abandono e confiança no Pai: "'Agora *minha alma está perturbada*; o que direi? *Pai, salva-me desta hora?* Mas foi para isto que cheguei a esta hora! Pai, glorifica o teu nome'. Veio, então, uma voz do céu: 'Eu o glorifiquei e o glorificarei ainda'" (Jo 12,27-28). A palavra de Jesus agonizante – "Pai, em tuas mãos entrego o meu espírito" – é a mais bela oração de renúncia, pela certeza de que Deus jamais nos abandona ou nos deixa sozinhos na tentação.

Prece na aflição

¹ Ao regente do coro. Segundo a melodia "A corça da aurora". Salmo de Davi.

² Meu Deus, meu Deus, por que me abandonaste?
Longe estão de me valer as palavras de meus brados.

³ Meu Deus, clamo de dia, e não me respondes; de noite, e não encontro sossego.

⁴ Todavia, tu és o Santo, entronizado para louvor de Israel.

⁵ Em ti confiavam nossos pais; confiavam e tu os punhas a salvo;

⁶ clamavam a ti e ficavam livres, confiavam em ti e nunca foram decepcionados.

⁷ Mas eu sou um verme e não um homem, o opróbrio dos homens e o desprezo do povo.

⁸ Todos os que me veem zombam de mim, torcem os lábios e meneiam a cabeça;

⁹ "Recorra ao Senhor, para que o ponha a salvo e o liberte, se tanto o ama!"

¹⁰ Na verdade, és tu que me tiraste do ventre materno
e me confiaste aos seios de minha mãe.

¹¹ Desde o nascimento estou aos teus cuidados,
desde o ventre de minha mãe tu és o meu Deus.

¹² Não fiques tão longe de mim, pois o perigo está perto, e não há quem me ajude.

¹³ Rodeiam-me muitos novilhos, cercam-me touros de Basã.

¹⁴ Abrem contra mim suas fauces leões que devoram e rugem.

¹⁵ Estou como água derramada e tenho todos os ossos desconjuntados.
Meu coração é como cera a derreter-se em minhas entranhas.

¹⁶ Meu vigor está ressequido como barro queimado,
Minha língua adere ao paladar, e tu me lanças ao pó da morte.

¹⁷ Na verdade, rodeiam-me mastins, cerca-me um bando
de malfeitores, e estou tolhido de mãos e pés;

¹⁸ posso contar todos os meus ossos.

Eles fixam o olhar sobre mim e me observam;

¹⁹ repartem entre si minhas vestes e sobre minha túnica lançam a sorte.

²⁰ Não fiques tão longe, Senhor! Tu, minha força, vem depressa em minha ajuda!

²¹ Livra da espada minha vida, minha única vida, das garras dos cães!

²² Salva-me da bocada do leão, e dos chifres dos búfalos! Eis que me atendestes!

²³ Falarei de teu nome aos irmãos, e te louvarei no meio da assembleia:

²⁴ "Vós, que temeis o Senhor, louvai-o!

Glorificai-o vós todos, descendentes de Jacó!

Venerai-o vós todos, descendente de Israel!

²⁵ Porque ele não desprezou nem desdenhou o aflito em sua tribulação

nem lhe ocultou a face, mas ouviu-o, quando gritou por socorro".

²⁶ De ti vem meu louvor na grande assembleia.

Cumpro meus votos diante dos que o temem.

²⁷ Os desvalidos comerão até saciar-se, louvarão o Senhor, louvarão o Senhor os que o buscam:

"Viva o vosso coração para sempre!"

²⁸ Do Senhor se lembrarão e a ele se converterão todos os confins da terra,

E diante de sua face se prostrarão todas as famílias das nações,

²⁹ porque do Senhor é a realeza, e é ele que governa as nações.

³⁰ Saciados, se prostrarão todos os potentados da terra, diante dele

se inclinarão todos os que descem ao pó. Já que ninguém conserva viva sua alma,

³¹ que o sirvam os descendentes e falem do Senhor à geração vindoura,

³² e ao povo que há de nascer proclamem a justiça que ele fez!

Rezar o salmo com Israel

É bom não esquecermos que Israel representa tanto o indivíduo, cada crente, como todo o povo, que, voltando do exílio, é finalmente libertado das diversas escravidões, políticas ou morais, e especialmente da agressividade dos idólatras, figurados simbolicamente pelos animais ferozes citados no salmo. Para nós, às vezes, é difícil compreender o salmo, porque nos falta o conhecimento histórico das circunstâncias dos tempos desses acontecimentos. Devemos sempre fazer um pequeno esforço de trazer à memória acontecimentos do passado, para compreendê-lo e, sob sua luz, ler melhor o nosso presente e olhar com otimismo realista o futuro.

Rezar o salmo com Jesus

Não podemos dizer com certeza que Jesus tenha rezado este salmo em sua forma atual, mas, sem dúvida, conheceu situações de sofrimento extremo no seu trajeto da Paixão e morte na cruz. Sua oração se tornou um grito de súplica, quase de desespero, expressa em sua língua materna (o aramaico): "*Eloi! Eloi! Lama sabactani...*". Sabemos por experiência que, nos momentos de grande alegria, assim como nos de dor extrema, também nos exprimimos usando nossa língua materna, ou da pessoa que nos criou. É um salmo "difícil", muito útil para rezar nos momentos de sofrimento; porém sem esquecer, ao mesmo tempo, de agradecer ao Senhor: dor e alegria estão sempre unidas no coração e na mente de quem crê.

Rezar o salmo com a Igreja

Para os cristãos, a Igreja é definida como "o novo Israel" (que não substitui o Israel histórico, ainda atual), o povo de Deus a caminho da sua libertação, de uma terra prometida não construída materialmente, mas purificada e celeste. Todavia, essa "nova pátria" é constituída no hoje da nossa história. Também para nós, que vivemos entre dificuldades, lutando contra inimigos humanos e espirituais, até mesmo os identificando com animais ferozes, como recorda São Pedro: "... o vosso inimigo, o diabo, anda em volta *como um leão rugindo*, procurando a quem devorar. Resisti-lhe firmes na fé" (1Pd 5,8-9). Este salmo é um grito de quem se encontra em situação-limite, quase desesperada; no entanto, continua crendo firmemente que Deus não o abandonará jamais.

Na *Liturgia das Horas*, este salmo é rezado no Domingo de Ramos, na Sexta-feira Santa, no quinto domingo após a Páscoa e no rito penitencial, em toda celebração penitencial. É uma oração que nos ajuda a perceber a presença de Deus, Pai misericordioso, mesmo quando nos sentimos abandonados por todos.

> *Releia o salmo.*

Meditar o salmo

Houve momentos em sua vida nos quais você rezou como esse salmista? Experimentou a solidão, o abandono de todos, e até o próprio Deus lhe pareceu longínquo? Como reagiu? Após ter passado a tempestade, você se lembrou de agradecer? Quando vê pessoas solitárias, abandonadas, que sentimento você experimenta para com elas? Como as ajuda?

Questionário

Percorra um pouco a história de sua vida pessoal, sua vida de fé. Com quais palavras você se "identifica" mais? Não tenha medo dos seus sentimentos: Santa Teresa do Menino Jesus, nos momentos de fé mais escura, dizia: "Paro aqui, não quero escrever agora, temo blasfemar... temo já ter dito muito" (*Manuscrito* C). As provas, a cruz, o abandono dos outros purificam nossa fé, nosso amor e nossa esperança (cf. Eclesiástico 2,1-5).

Minha oração

Senhor, muitas vezes em minha vida senti o peso da solidão afetiva, religiosa e social. Senti-me quase abandonado por todos, pelo meu caráter impulsivo, pelas palavras ditas sem atenção. Outras vezes me senti só, porque desejei ser fiel à minha fé e às minhas convicções. Sei, Senhor, que meus caminhos não são os teus caminhos, que os teus projetos, para mim e para a Igreja, para a família e a humanidade, não são os nossos projetos, mas é difícil acolher a tua lógica na vida cotidiana. Senti-me quase revoltado contigo, e também gritei com o salmista: "Meu Deus! Meu Deus, por que me abandonaste?" o mesmo grito de Jesus na cruz. Sei que Ele nos indicou a segunda parte da oração: "Pai, em tuas mãos entrego o meu espírito". Aceito a tua maneira de ver e de pensar, meu Deus, mas não tive coragem de dar-te a permissão de agir como desejas. Perdoa-me, Senhor, envia-me teu Espírito Santo para que eu incline minha cabeça e meus joelhos diante do teu agir. Amém.

Faça sua oração.

Colocar em prática

Diante da meditação desse grito de socorro feito pelo salmista nos momentos difíceis de sua vida, também quero aprender a dizer o meu "sim" diante das incompreensões da vida; quero acreditar que tudo o que acontece em minha vida, na vida da Igreja e da família é permitido por Deus, a fim de que aprendamos a buscar novas vias de fidelidade e de santidade.

Salmo 23(22)
O Bom Pastor

Dentre todos os salmos do Saltério, este é o mais feliz, o mais conhecido, o mais cantado e o mais melodioso. Soube atrair a atenção dos hebreus, dos cristãos, e a quem o reza faz sentir a presença de Deus, que jamais nos abandona. Suas palavras encorajam nos momentos difíceis, iluminam as trevas, fortalecem na fragilidade.

Quando o rezamos, percebemos a presença de um Deus terno e misericordioso, que não só está próximo e combate conosco, mas também nos prepara um banquete diante de nossos inimigos.

É um salmo para todas as ocasiões: cada um encontra nele momentos pessoais de alegria e dor, paz e angústia. Vale a pena fazer dele um firme ponto de referência para a nossa vida espiritual e material.

O Senhor é meu pastor

[1] Salmo de Davi.
O Senhor é meu pastor: nada me falta.

[2] Em verdes pastagens me faz repousar, conduz-me até às fontes tranquilas

[3] e reanima minha vida; guia-me pelas sendas da justiça por causa de seu nome.

[4] Ainda que eu ande por um vale tenebroso, não temo mal algum, porque estás comigo; teu bordão e teu cajado me confortam.

[5] Diante de mim preparas a mesa, bem à vista dos meus inimigos; tu me unges com óleo a cabeça, e minha taça transborda.

[6] Sim, prosperidade e graça me seguem, todos os dias de minha vida; habitarei na casa do Senhor por longos dias.

Rezar o salmo com Israel

A simbologia do pastor é muito presente nos livros sagrados de Israel, por sua espiritualidade; faz referência ao rei, ungido pelos profetas, isto é, consagrado pelo próprio Deus para guiar o povo. O símbolo do pastor é aplicado também aos sacerdotes, aos guias espirituais do povo, embora pareça que seja raramente (ou mesmo nunca) referido aos profetas.

A riqueza do pastor é o seu rebanho, e a de Deus é seu povo, a quem levará para verdes pastagens, conduzirá às águas refrescantes, e o fará repousar à sombra, sobretudo ao meio-dia e nos dias sufocantes.

Para saborear melhor este salmo 23, recomenda-se a leitura atenta de outros textos bíblicos que sublinham o cuidado amoroso das ovelhas por parte dos verdadeiros pastores, ou o aproveitamento do rebanho por parte dos falsos pastores (cf. Ez 34; Os 4,16ss.; Jr 23; Is 40,10ss.). Ele canta também a alegria da hospitalidade e do acolhimento. Em nossa civilização acostumada a viagens turísticas, em que não faltam albergues, hotéis de luxo e cruzeiros, a hospitalidade tornou-se rara. É encontrada ainda, porém, nas pessoas humildes: quanto mais simples e pobres, mais se alegram em ser hospitaleiras.

Em Israel, como em todo o Oriente Médio, a rica mesa preparada para receber o hóspede é um sinal que revela a sacralidade com a qual o hóspede é revestido, a consideração sacra com que é circundado. Basta pensar na visita dos três hóspedes na tenda de Abraão, quando lhe anunciaram o nascimento de um filho:

> Outra vez o Senhor apareceu a Abraão junto ao carvalho de Mambré. Abraão estava sentado à entrada da tenda, no maior calor do dia. Levantando os olhos, viu parados perto dele três homens. Assim que os viu, saiu correndo a seu encontro e se prostrou por terra. Disse assim: "Meu Senhor, se ganhei tua amizade, peço-te que não prossigas viagem sem parar junto a teu servo. Mandarei trazer um pouco de água para lavar vossos pés e descansareis debaixo da árvore. Trarei um pouco de pão para recobrardes as forças, antes de prosseguir viagem. Pois foi para isso mesmo que vos aproximastes de vosso servo". Eles responderam: "Faze como disseste". Solícito, Abraão entrou na tenda onde estava Sara e lhe disse: "Pega depressa três medidas da mais fina farinha, amassa uns pães e assa-os". Depois Abraão correu até o rebanho, agarrou um bezerro bem bonito e o entregou a um criado para prepará-lo sem demora. A seguir buscou coalhada, leite e o bezerro assado, e pôs tudo diante deles. De pé, junto deles, os servia debaixo da árvore, enquanto comiam. Perguntaram-lhe: "Onde está Sara, tua mulher?" "Está na tenda", respondeu ele. E um deles disse: "Voltarei a ti no ano que vem por este tempo e Sara, tua mulher, já terá um filho" (Gn 18,1-10).

Rezar o salmo com Jesus

No Novo Testamento, quem é o "Bom Pastor"? É o próprio Jesus, que aplica a si mesmo a imagem veterotestamentária, imprimindo-lhe um novo aspecto: a missão delicada do pastor que conhece suas ovelhas, e das ovelhas que conhecem seu Pastor (Jo 10). Como, porém, inculcar a mensagem de um pastor cheio de misericórdia e ternura, que vai em busca da ovelha perdida (Ez 34,11-16; cf. Lc 15)?

Diante de Deus, não somos um "povo" perdendo a nossa identidade de fragilidade, de pecado ou de santidade; somos amados com um amor especial, formando, assim, o rebanho amado que caminha segundo a Palavra do Senhor.

O pastor conhece suas ovelhas, sua riqueza, e por elas está pronto para dar também a sua vida, a fim de defendê-las do lobo ou dos mercenários. O Bom Pastor não foge, mas defende, reúne e protege o seu rebanho, e não arriscaria levá-lo a pastagens pobres e minguadas, ou dessedentá-lo em fontes de águas envenenadas.

Rezar o salmo com a Igreja

Este salmo 23 é o mais amado pelos cristãos, o mais primitivo, o das primeiras representações artísticas. A figura de Jesus "Bom Pastor" foi ampliada e aplicada a todos os bispos, sacerdotes e, especialmente, ao Bispo de Roma, sucessor de São Pedro, pastor de todo o povo de Deus, cuja voz é ouvida por todos, enquanto ele os conduz para o único Pastor supremo, o Senhor Jesus Cristo.

Ele era cantado durante as celebrações dos sacramentos de Batismo, Confirmação e, especialmente, Eucaristia. Trata-se de uma oração que toca profundamente nosso coração, fazendo-nos experimentar a presença de Deus em nosso meio, como peregrinos que caminham por entre a noite escura, apavorados pelas emboscadas dos inimigos da fé.

Também está presente na liturgia do IV domingo da Páscoa, domingo do "Bom Pastor". Apresenta-se muitas vezes na *Liturgia das Horas*, na liturgia do Batismo, da Confirmação, do Matrimônio, da Ordenação sacerdotal e episcopal, e em outras muitíssimas circunstâncias, até mesmo na liturgia dos defuntos, com um acento particular de esperança e de alegria: será o Cristo, Bom Pastor, que nos acolherá com amor e misericórdia ao fim da vida.

Releia o salmo.

Meditar o salmo

Reflita sobre as circunstâncias nas quais você sentiu a proximidade do Senhor em meio às dificuldades. Agradeça a Deus pelo alimento espiritual cotidiano oferecido por sua Palavra, na Eucaristia, nos sacramentos. Pense em Deus, que promete proteção e segurança, só pedindo para confiar nele. As ovelhas fogem quando se aproxima um pastor do qual não conhecem a voz, enquanto correm ao encontro do verdadeiro pastor quando ouvem a voz que as chama cada uma pelo nome. Você reconhece a voz do Pastor na voz dos pastores, pais, parentes, sacerdotes, do bispo e do papa?

Faça ressoar no seu coração alguma palavra do salmo, repita-a lentamente e a memorize, como uma jaculatória, para repeti-la nos momentos difíceis da vida.

Questionário

- Você é fiel em seguir os mandamentos da Igreja? Ou, sobretudo, é mais fácil seguir todas as novidades que ouve?
- Você se afasta facilmente de quem o convida a seguir o caminho do Evangelho?
- Quem são as pessoas nas quais você deposita sua confiança?
- Você busca o Senhor ou segue só seus interesses pessoais?

Minha oração

Senhor, tu és o meu pastor, o Pai que cuida de mim e não deixa faltar nada em minha vida, conheces as minhas necessidades. Tu tens paciência comigo quando me revolto e me afasto: procuras-me e, com amor, levas-me em teus ombros, curas minhas feridas. Nos momentos em que me encontro profundamente só, envolto em tantos desejos que me conduzem para longe dos princípios morais, religiosos, a tua mão me sustenta, e a tua voz chama-me à verdade. Tu és o meu pastor, aquele que me convida cotidianamente à mesa da tua palavra, à mesa do teu corpo e sangue que me alimenta e me fortalece para ser fiel. Tu és o meu pastor: esconde-te nos pastores da Igreja; dá-me coragem de seguir a tua voz mesmo quando não concordo plenamente com eles e me sinto incapaz de prosseguir o caminho. Reafirmo, hoje, com plena consciência, que acredito em tudo o que a Igreja me propõe e, com Maria minha mãe, digo o meu fiat, o meu "sim" à tua palavra e à palavra de Igreja, minha mãe.

Faça sua oração.

Colocar em prática

Como resposta ao salmo, procure colocar em prática os bons conselhos que recebe; ajude alguém com dúvidas em relação à própria fé, endereçando-a a um bom sacerdote para uma confissão ou direção espiritual. Não discuta sobre temas de fé quando estiver inseguro. Faça do *Catecismo da Igreja* o seu livro preferido, depois do Evangelho.

Salmo 27(26)
A confiança e o amor vencem o medo

Lendo com atenção este salmo de confiança em Deus, ouvimos o eco do salmo meditado anteriormente, o salmo do Bom Pastor (Sl 23[22]). Talvez tenha surgido no coração de um crente que se sentisse longe do Templo de Jerusalém, do lugar no qual Deus habitava. Talvez desejasse voltar para lá a fim de louvá-lo e buscar a força para dizer aos incrédulos – que escarneciam do seu sonho – que Deus jamais abandona quem confia nele.

Na cultura atual, na qual estamos imersos, há os novos "incrédulos e ateus" a respeito de Deus; todavia, creem cegamente na ciência ou são espectadores do retorno dos antigos ídolos, semelhantes aos adorados no antigo Egito, ou pelos antigos povos astecas ou índios pré-colombianos, ou também por devotos das superstições da astrologia...

Como é possível confiar ou ter fé em divindades que "têm boca e não falam; têm olhos e não veem; têm ouvidos e não ouvem; têm nariz e não têm olfato. Têm mãos e não palpam; têm pés e não andam" (Sl 115[113B],5-7)?

A única via para vencer tantos medos que vivemos, sendo um dos mais recentes o das variantes da Covid-19, é a confiança em Deus e na ciência, e não só em uma realidade, como se as duas – ciência e fé – estivem em contraposição ou fossem alternativas; ambas caminham juntas.

Desejo da presença de Deus

[1] De Davi.

O Senhor é minha luz e minha salvação: a quem temerei?

O Senhor é a fortaleza de minha vida: perante quem temerei?

[2] Quando malfeitores me assaltam para devorar minha carne, são eles, meus adversários e inimigos, que tropeçam e caem.

[3] Se um exército acampar contra mim, meu coração não temerá; se uma batalha se travar contra mim, mesmo assim estarei tranquilo.

[4] Uma só coisa peço ao Senhor e só esta procuro: habitar na casa do Senhor todos os dias de minha vida, para contemplar os encantos do Senhor e meditar em seu Templo,

[5] pois ele me resguardará em seu abrigo no dia da desgraça; ele me ocultará no recesso de sua tenda, e me erguerá sobre um rochedo.

[6] E então minha cabeça será exaltada sobre os inimigos que me cercam. Em sua tenda poderei oferecer sacrifícios de regozijo e cantar um salmo ao Senhor.

[7] Senhor, escuta o grito de meu apelo, tem piedade e responde-me!

[8] A ti fala meu coração, meus olhos te procuram; eu busco tua face, Senhor.

[9] Não me ocultes tua face nem rechaces com ira teu servo, tu que és meu amparo!

Não me rejeites, não me abandones, Deus de minha salvação!

[10] Se meu pai e minha mãe me abandonarem, o Senhor me acolherá.

[11] Mostra-me, Senhor, o caminho e conduze-me pela vereda segura, por causa dos que se emboscaram contra mim!

[12] Não me entregues à sanha dos adversários, pois levantaram contra mim falsas testemunhas, e um boato de violência.

[13] Tenho certeza de experimentar a bondade do Senhor na terra dos vivos.

[14] Espera no Senhor! Sê forte e corajoso, e espera no Senhor!

Rezar o salmo com Israel

O salmo 27 é dividido em duas partes: versículos 1-6 e 7-14. É muito claro que foi composto em dois momentos psicológicos diferentes ou, talvez, por dois autores diferentes. Seria lógico reconhecer aí uma figura feminina, crente, que se encontrasse em dificuldade na vida cotidiana: solidão, pobreza, sem saber a quem recorrer. Deus para ela é certeza e proteção, e, com Ele, nada teme. Mesmo que houvesse batalhas ao seu redor, mesmo que seu marido estivesse longe, em viagem, na guerra, e mesmo que os filhos fossem pequenos e necessitassem de proteção e alimento, todavia, ela coloca a sua confiança em Deus.

Na segunda parte, ao contrário, nota-se uma ação de graças ao Senhor que é fiel às suas promessas. Pode-se erguer a cabeça confiante, vitorioso, diante dos inimigos e daqueles que escarnecem durante a luta. O salmista pede ao Senhor que continue sem abandonar jamais aqueles que colocam nele a sua confiança.

O salmo termina com um forte convite a não se perder nunca a esperança no Senhor: "Espera no Senhor e sê forte, fortalece teu coração, e espera no Senhor".

Rezar o salmo com Jesus

Em muitos textos do Evangelho percebemos certa semelhança com esse salmo 27. É quase certo que Jesus o tenha rezado, pois não era somente uma oração litúrgica oficial do Templo de Jerusalém, mas também das várias sinagogas espalhadas pelo país; então, muitos dos seus versículos, bem como de tantos outros salmos, pela frequência com que eram repetidos, imprimiam-se de modo indelével na memória.

Recordo que minha mãe, Domenica, que não sabia ler nem escrever, conhecia e repetia de memória alguns cantos e salmos que eram cantados nas igrejas. Certamente pronunciava um latim irreconhecível, mas ela os cantava com amor, repetindo como os havia ouvido.

Assim também agia o povo de Israel, que, ao repetir frases como: "Contra mim se levantaram falsos testemunhos" (cf. Mt 26,59), ou: "Não sabíeis que eu devia estar na casa do meu Pai?" (Lc 2,49), ou: ainda: "Não temais, pequenino rebanho" (Lc 12,32), revelavam como o coração de Jesus era superabundante da Palavra de Deus e da sua oração, usando-a com frequência em sua pregação, sem preocupar-se em citá-la textualmente.

Hoje, estamos mais escravos das citações, mas Jesus é a palavra viva do Pai, síntese de toda a Escritura. Jesus é luz, salvação, coragem e força em nossa vida.

Rezar o salmo com a Igreja

Este salmo 27 aparece muitas vezes tanto na *Liturgia das Horas* como no Salmo Responsorial, sendo evocado nos vários momentos de sofrimento e de angústia, quando nos sentimos mais abandonados, e também em favor das pessoas que nos são mais caras.

Os Padres da Igreja o interpretam como a "voz de Cristo" que fala de sua Paixão e de sua missão. É muito cara a todos nós a imagem de Jesus como "luz e salvação" de todos os povos. Devemos estar conscientes de nossa escolha de Cristo como fundamento de nossa vida: nada pode separar-nos dele, pois estamos intimamente unidos a Ele, para sempre.

Este salmo é carregado de confiança, abandono e amor, que vencem todos os medos. Procuremos a face do Senhor. Uma face que dá segurança, tranquilidade e paz.

Releia o salmo.

Meditar o salmo

O salmo 26 é uma pérola preciosa do saltério, onde o salmista tomado pelo medo das situações concretas em que vive, encontra a sua força na fé em Deus. Reafirma o seu amor e a certeza de que nada poderá vencê-lo, mesmo as batalhas, inimigos humanos e espirituais, porque o Senhor é sua luz e sua salvação. Hoje em dia vivemos a "HORA" dos medos das guerras, da fome, do desrespeito dos direitos humanos, e temos medo de Deus, dos outros e de nós mesmos. Quem poderá salvar-nos desses medos? Somente Deus, somente a esperança que não engana, que nos oferece a visão do futuro com um horizonte novo: o amanhã da vida refeita em Cristo, e uma vida com novo coração e com novo amor. Meditar este salmo é não ter medo de nós mesmos, e saber que a vida, porquanto seja difícil, é sempre uma oportunidade que Deus nos dá. Coragem, espera no Senhor! Coragem, espera no Senhor! São palavras que nos alimentam e nos obrigam a levantar-nos e a continuar o nosso caminho.

Questionário

- Quais palavras ou sentimentos do salmista ressoaram em você, em seu coração?
- Quais dificuldades humanas, materiais, interiores reconheceu em si mesmo?
- Você foi humilde, pedindo ajuda a Deus e ao próximo?
- Você tem esperança, ou é pessimista diante do futuro da Igreja, da comunidade e da família?

MINHA ORAÇÃO

"O Senhor é minha luz e minha salvação: a quem temerei? O Senhor é a fortaleza defesa de minha vida: perante quem temerei?" Estas palavras dão-me força, coragem e esperança para olhar com expectativa meu futuro, o futuro da Igreja e o futuro das gerações. Uma só coisa peço ao Senhor: habitar em tua casa. Na fidelidade aos meus empenhos humanos, cristãos, sejam demolidos os muros do egoísmo, da voracidade humana, que jamais se sacia das riquezas. Quero em tudo contemplar a tua beleza, buscar a tua face escondida/presente na criação, no Templo vivo dos seres humanos criados a tua imagem. Onde buscar a tua face? Busco-a e a descubro nos meus irmãos e irmãs, que, sem distinção, são imagem do amor. Sofro ao ver tua imagem desfigurada pelo ódio, descartada como algo que não serve mais. Ouve, Senhor, a minha oração: que de agora em diante nenhum ser humano seja tratado como refugo do amor!

Faça sua oração.

Colocar em prática

Na agenda cotidiana, entre tantas ocupações, não se esqueça de reservar um tempo para visitar alguém que necessite de você. Leia Mateus 25,35-40: "Tive fome, sede, era estrangeiro, prisioneiro, e me ajudastes".

Salmo 34(33)
Canto do amor da justiça de Deus

Os salmos são orações que nascem da vida cotidiana, da história do povo de Israel, e são compostos de forma fácil para memorizar sua recitação, mesmo sem que alguém lhes pronuncie as palavras ou que se tenha seu texto à frente. Pessoalmente, também eu, que não sei falar árabe, após doze anos vivendo no Egito, aprendi o Pai-Nosso, a Ave-Maria, e mais outras dezenas de breves orações, só os ouvindo e os repetindo.

É o método usado neste salmo 34: cada versículo inicia-se sucessivamente com uma letra do alfabeto hebraico. Trata-se de um canto repleto de sentimento, dinâmico, atribuído a Davi, que, como sabemos, era também cantor, poeta, além de chefe político e rei. Ele era um "faz-tudo", muito atribulado em sua vida aventureira, na qual experimentou que a graça de Deus foi mais forte que o seu pecado. Portanto, é um salmo litúrgico, um canto ao amor e à justiça de Deus, que andam juntos: quem ama é justo, e, quem é justo, ama.

O Senhor, refúgio dos justos

¹ De Davi. Quando se fingiu demente em presença de Abimelec e saiu expulso.

² Bendirei o Senhor em todo tempo, seu louvor estará sempre em minha boca.

³ Minha alma gloria-se no Senhor: escutem os humildes e se alegrem!

⁴ Proclamai comigo a grandeza do Senhor, exaltemos juntos o seu nome!

⁵ Busquei o Senhor, e ele me respondeu, livrou-me de todas as angústias.

⁶ Os que nele fixaram o olhar ficaram radiantes,
porque suas faces não tinham de que se envergonhar.

⁷ Um infeliz gritou; o Senhor ouviu e o salvou de todos os perigos.

⁸ O anjo do Senhor acampa ao redor dos que o temem, e os salva.

⁹ Saboreai e vede como o Senhor é bom! Feliz o homem que nele se refugia!

¹⁰ Temei o Senhor, vós que lhe sois consagrados, porque nada falta àqueles que o temem.

¹¹ Até os leões sofrem privação e passam fome, mas os que buscam o Senhor não carecem de nada.

¹² Vinde, filhos, escutai-me e eu vos ensinarei o temor do Senhor.

¹³ Há alguém que ame a vida e deseje ver dias felizes?

¹⁴ Guarda do mal tua língua, e teus lábios, da maledicência!

¹⁵ Evita o mal, faze o bem, busca a paz e vai ao seu encalço!

¹⁶ O Senhor tem os olhos voltados para os justos, e o ouvido atento ao seu clamor;

¹⁷ o Senhor tem o rosto voltado contra os malfeitores para extirpar da terra sua memória.

¹⁸ Clamam aqueles, e o Senhor escuta e os livra de todas as angústias.

¹⁹ O Senhor está perto dos corações atribulados e salva os espíritos abatidos.

²⁰ Muitas são as aflições dos justos, mas de todas elas o Senhor os liberta.

²¹ Ele cuida de todos os seus ossos, sem que um deles se quebre.

²² A maldade levará o ímpio à morte, e serão punidos os que odeiam o justo.

²³ O Senhor resgata a vida de seus servos; não serão punidos os que nele se refugiam.

Rezar o salmo com Israel

É necessário fazer uma leitura atenta deste salmo a fim de descobrir quais são as pessoas que se dirigem a Deus com tanta alegria e, ao mesmo tempo, com tanta insistência, pedindo e suplicando, suplicando e louvando. Penso que se trata dos pobres, humildes, pessoas simples que vivem no coração de Deus e estão sempre agradecendo nas situações mais difíceis da vida, como o velho Jó, que, improvisamente, perde toda sua riqueza e torna-se pobre, ao lado de sua mulher que o instiga a "maldizer a Deus e morrer em paz" (Jó 2,9). Recordemos a sabedoria de sua resposta: "Falas como uma mulher estulta [sem Deus]. Se dele recebemos os bens, por que não recebermos também os males?" (Jó 2,10).

Entre as pessoas que encontramos na Bíblia, tanto na primeira Aliança como na Segunda (ou, como se diz, no Antigo e no Novo Testamento), oitenta por cento delas são pobres, e o seu grito sobe até o Senhor. O pobre grita, e o Senhor escuta.

O salmo 34, portanto, é pleno de bênção, espontaneidade e alegria; às vezes, porém, é uma alegria de fé e de amor que pede justiça a Deus ante as injustiças humanas.

Rezar o salmo com Jesus

Este salmo pode ser considerado, sem dúvida, como um esboço do cântico de Maria, o *Magnificat*, no qual a Virgem Maria canta ao Senhor sua alegria, porque Ele olhou para a humildade de sua serva. Jesus desenvolveu o tema deste salmo no Sermão da Montanha, nas Bem-aventuranças, nas quais os verdadeiros pobres são os que necessitam de Deus, os *anawim*, isto é, aqueles que só Deus pode ajudar, a quem unicamente Deus pode socorrer em suas dificuldades.

Jesus nos trará também o dom de uma grande revelação, em uma de suas comoventes orações: "Graças te dou, Pai, Senhor do céu e da terra, porque escondestes estas coisas aos sábios e prudentes, e as revelaste aos pequeninos" (Lc 10,21). No quarto Evangelho, ao contrário, o Evangelho do apóstolo amado, encontramos a citação explícita deste salmo:

> Vieram os soldados e quebraram as pernas do primeiro e do outro que com ele tinham sido crucificados. Chegando, porém, a Jesus, como o vissem já morto, não lhe quebraram as pernas, mas um dos soldados transpassou-lhe o lado com uma lança, e logo saiu sangue e água. Quem o viu deu testemunho, e o seu testemunho é verdadeiro. Sabe que diz a verdade para que também vós creiais. Assim sucedeu para que se cumprisse a Escritura: *Não lhe quebrareis osso algum* (Jo 19,32-36).

Jesus é o único pobre verdadeiro, diante do Senhor e diante de nós. Ele veio habitar em nosso meio, não ostentando a sua glória, mas escondendo-a em sua humildade e pobreza. Como és belo, ó Jesus, em sua humildade e pobreza! Faz com que eu possa amar escondendo-me aos olhos de todos, para ver a tua beleza!

Rezar o salmo com a Igreja

Nesta oração amargurada, o povo de Deus, a caminho, pobre e peregrino, encontra-se repleto de necessidades. A oração deve ter sempre momentos de louvor, agradecimento e súplica; não podemos transformar Deus em alguém que mecanicamente recebe nossos pedidos, pensando que eles devam ser concedidos imediatamente. Deus quer ouvir de nós, antes de qualquer outra coisa, que o amamos na gratuidade do amor: ama-se antes de pedir.

Podemos usar este salmo nos momentos de oração pessoal ou nas orações litúrgicas comunitárias. Justiça e amor se encontram no coração dos pobres, daqueles que buscam a face de Deus. Nada mais belo que um semblante sereno de quem, mesmo que sofra injustiças humanas, jamais perde a confiança em Deus.

Releia o salmo.

Meditar o salmo

O salmista nos recorda, com sua palavra, a alegria que se prova em ser justo, reto e honesto em nossas relações com o próximo, com nossa consciência e com Deus; uma alegria experimentada mesmo no sofrimento, se nossa consciência não nos acusa nem condena sobre nada. A chave da verdadeira felicidade é fazer o bem, sempre e para todos, sem distinção.

Se saudar somente aqueles que o saúdam, que mérito você terá? Também os pagãos (quer dizer, aqueles que não creem) fazem isso. Amar os inimigos, ao contrário, é a novidade trazida por Jesus à humanidade, ainda que nos demos conta de que tal novidade ainda está longe de fazer parte do nosso DNA humano.

Questionário

- Em sua oração, você pede e depois agradece?
- Quando Deus não lhe concede o que deseja, você continua a orar com alegria e esperança, ou se afasta de Deus e para de orar?
- Você busca seus interesses ou a glória de Deus?

Minha oração

Senhor, a oração deste teu filho e meu irmão – o salmista – comoveu-me profundamente. Cheguei à conclusão de que os seres humanos de todos os tempos, quando se encontram em dificuldade, fecham-se em si mesmos ou são perseguidos pelos inimigos espirituais e materiais, recorrem a ti. Invocamos-te, gritando e pedindo ajuda para a nossa vida. Que posso pedir-te, Senhor?

Defende-me especialmente das tentações, dos espíritos malignos que, em certos momentos, me assaltam e tentam destruir minha fé, meu amor, minha paz interior. Defende-me também daqueles irmãos e irmãs que, doentes no coração, na mente e no espírito, tentam diminuir meu amor para contigo. Por tudo, Senhor, eu te bendigo e agradeço, porque há mais alegria que dor, mais sucessos que fracassos, e mais ainda as tuas graças. O teu amor, como um cálice transbordante, infunde-me coragem e amor. Peço-te com o salmista: "Provai e vede como o Senhor é bom. Feliz quem nele confia".

Faça sua oração.

Colocar em prática

Medite sobre a alegria que você sente quando faz o bem gratuitamente. Como se sente diante da recusa dos outros? Continua a fazer o bem ou prefere fechar-se em si mesmo, procurando vingar-se com o silêncio? Você é fiel às amizades, mesmo quando os ditos "amigos" o abandonam?

Salmo 45(44)
O cântico do rei e da rainha

Trata-se de um salmo real, no qual se canta o amor entre o rei e a rainha. A figura do rei é também um símbolo religioso: aquele que é ungido e consagrado pelos profetas está a serviço do povo. É a figura do Messias que deve vir salvar o povo sob o domínio dos prepotentes e inimigos que tentam, à força, submetê-lo. O rei ama a justiça, odeia o mal, a deslealdade, a idolatria e, portanto, combate todos aqueles que contradizem o único Deus vivo e verdadeiro.

Depois do versículo 10, entra em cena a rainha: vestida com vestes de ouro fino e diadema na cabeça, regalo do esposo. Unidos, o rei e a rainha reinarão para sempre. É um pequeno "Cântico dos Cânticos", inserido no Saltério, portador da alegria em descobrir que o mal não poderá vencer o bem. A rainha, esquecendo o passado, deixando a casa paterna, é feliz em iniciar uma nova vida ao lado e a serviço do rei.

Poema nupcial ao rei

¹ Ao regente do coro. Segundo a melodia "Os lírios".
Poema didático dos filhos de Core. Canto de amor.

² Belas palavras brotam do meu coração, recito meus versos em honra do rei. Minha língua é como pena de ágil escrivão.

³ És o mais belo dos filhos dos homens; de teus lábios flui a graça, porque Deus te abençoou para sempre.

⁴ Cinge a espada ao teu flanco, herói! É tua gala e tua majestade.

⁵ Cavalga, triunfante e majestoso, em defesa da verdade e da justiça espezinhada! Tua destra te revele feitos assombrosos!

⁶ Tombem os povos aos teus pés, por tuas agudas flechas no coração dos inimigos do rei!

⁷ Teu trono, ó Deus, é eterno; teu cetro real é cetro de equidade.

⁸ Amas a justiça e detestas a iniquidade; por isso, ó Deus, teu Deus te ungiu com o óleo de alegria, preferindo-te aos teus companheiros.

⁹ Mirras, aloés e cássia exalam tuas vestes, as harpas dos palácios de marfim te festejam.

¹⁰ Filhas de reis estão em teu cortejo de honra; à tua direita está a rainha, adornada de ouro de Ofir.

¹¹ Escuta, minha filha, olha e presta atenção: esquece teu povo e a casa paterna,

¹² porque o rei se encantou de sua formosura.
Rende-lhe homenagem porque ele é teu senhor!

¹³ A representação de Tiro vem com presentes, e os potentados do povo buscam teu favor.

¹⁴ Com toda dignidade, a princesa, em seus aposentos, adorna-se com vestes recamadas de ouro,

¹⁵ e com pompas multicores é conduzida ao rei. As virgens de seu séquito são as amigas de infância e suas convidadas.

¹⁶ Em cortejo de júbilo e regozijo, elas entram no palácio real.

¹⁷ Em lugar de teus pais virão teus filhos, que nomearás príncipes por toda a terra.

¹⁸ Lembrarei teu nome por todas as gerações, e assim os povos celebrarão para sempre.

Rezar o salmo com Israel

No antigo Israel, havia três pessoas importantes em condições de transmitir a todo o povo o pensamento de Deus: o rei, o sacerdote (normalmente em acordo com o rei) e o profeta, que vivia sua vida de liberdade e verdade. O rei e os sacerdotes não só deviam empenhar-se a fim de que a realeza de Deus fosse reconhecida por todo povo, mas também defender toda a categoria mais vulnerável: os pobres, os últimos, os estrangeiros, as viúvas, os órfãos. No entanto, nem sempre isso acontecia, e o profeta, seguindo sua escuta da Palavra de Deus, às vezes, corria risco e perigo ao ter de afrontar pessoalmente o rei e os sacerdotes que se esqueciam do povo e de Deus, seguindo somente os próprios interesses. Pensa-se logo nos profetas Jeremias e Amós.

O salmista, falando do palácio real, do paço oriental, descreve um luxo exagerado, mas que pode ser compreendido de acordo com a missão íntima do rei e da rainha, representantes da justiça e da beleza de Deus. Na mentalidade atual, porém, para exprimir a justiça e a beleza de Deus não se fala de luxo, mas de simplicidade. A pobreza e a humildade gritam mais forte que a riqueza e nos falam com mais força de Deus.

Rezar o salmo com Jesus

Talvez se trate de um salmo mais semelhante ao Evangelho. Podemos imaginar que Jesus tenha conhecido este salmo e o tenha cantado em alguma festa do povo, ou em alguma celebração matrimonial a qual tenha assistido. Há um sabor messiânico nele, pois o próprio Jesus se autodeclara Messias, o Consagrado, quando lê um trecho do profeta Isaías na sinagoga de Nazaré:

> *O Espírito do Senhor Deus repousa sobre mim, porque ele me ungiu. Enviou-me para levar uma boa-nova aos pobres, medicar os corações despedaçados, proclamar aos cativos a libertação e aos prisioneiros a abertura do cárcere, para proclamar o ano da graça do Senhor* (Is 61,1-3). E, enrolando o manuscrito, devolveu ao assistente e sentou-se. Os olhos de todos os presentes na sinagoga se fixaram nele. E começou a falar: "Hoje se cumpriu a Escritura que acabais de ouvir" (Lc 4,18-21).

Desejo citar mais alguns textos que nos ajudam a compreender como o amor esponsal entre Deus e seu povo, entre Jesus e sua Igreja, deixa-nos felizes, pois fazemos a experiência de não sermos abandonados por Deus: recordemos a parábola das cinco virgens prudentes e fiéis, e das cinco infiéis que, durante a noite, esperam a chegada do Esposo; ou o trecho no qual Jesus nos recorda que, quando o esposo está presente, não se pode jejuar, mas chegará o momento em que o esposo será tirado, e então se jejuará; ou, ainda, quando Paulo Apóstolo fala do amor humano, entre homem e mulher, e acrescenta logo: "Falo também do amor de Cristo com sua Igreja".

Todos os místicos têm um amor especial tanto por este salmo como pelo Cântico dos Cânticos; basta pensar em São João da Cruz ou em Santa Teresa d'Ávila, que (corajosamente para seu tempo) comenta os primeiros versos do Cântico dos Cânticos, mas não termina seu trabalho, pois os censores a proíbem. Neste salmo, podemos sentir o ritmo da dança do amor.

Rezar o salmo com a Igreja

A Igreja é a esposa, a nova Jerusalém, e Cristo é o esposo. Entre o esposo e a esposa há uma atração de amor, uma união que os funde em unidade e que ninguém pode romper. Hoje vivemos imersos em tantos divórcios, no sentido estrito da palavra, entre esposos, mas também em sentido lato, isto é, entre fé e vida, entre política como serviço à coletividade e política como palco cênico de vaidade e de corrupção. Divórcio na economia, nas amizades, e cada divórcio porta consigo solidão, inquietação, e nos impulsiona a estreitar a aliança ou decidir alguma mudança que nem sempre nos ajuda na fidelidade e na coerência de vida.

A Igreja vê também na esposa do salmo a "Virgem Maria", pois, na Igreja, Maria é a primeira crente, esposa do seu Senhor, que deu o seu "sim" incondicional ao Espírito Santo e seguiu, em primeiro lugar, o seu Deus e seu Filho Jesus. Com a intercessão de Maria, a primeira redimida, que entrou de corpo e alma no paraíso, caminhemos seguros na via de retorno à casa do Pai.

O salmo celebra também o evento da comunhão de Cristo com a Igreja toda, consagrada com o sangue de sua cruz.

Releia o salmo.

Meditar o salmo

Este salmo 45 nos fala da união de Deus com o povo, de Cristo com a Igreja, e de nós, seus membros, com Cristo, como os ramos unidos à videira (Jo 15,1-8). Sentimo-nos como ramos fecundos, que produzem muitos frutos, ou como ramos secos, às vezes selvagens, estéreis?

O fundamentalismo religioso, de direita ou de esquerda, é contra Cristo? O profetismo é radicalidade em Cristo e com Cristo. Como você vê os movimentos extremistas na Igreja?

Questionário

- Você busca os meios que possam ajudá-lo a estar mais próximo de Deus, da Igreja, dos irmãos e irmãs?
- Você se deixa ajudar ou pensa que não necessita de ajuda, que é autossuficiente?
- Você permanece próximo àqueles que sofrem e são desprezados pelo mundo e pela Igreja, porque são "pecadores"?

MINHA ORAÇÃO

Senhor, te agradeço pela luz com a qual me iluminaste ao rezar este salmo. Senti-me confortado, encorajado a buscar sempre mais a tua intimidade. Minha alma está unida a ti em sublime matrimônio espiritual, contado e experimentado pelos místicos do Carmelo. Busco-te, Senhor, com todo meu coração. Não desejo viver longe de ti, mas sempre mais perto, até tornar-me um só contigo. Seduziste-me no meu percurso de vida e atraíste-me a ti no amor; também eu te seduzi, e vieste ao meu encontro, e juntos cantamos o hino nupcial. Ficaremos sempre juntos e nada nos pode separar, porque o amor é mais forte que a morte. Sinto no meu coração profunda nostalgia do Pai, do Filho e do Espírito Santo, e é nestas divinas pessoas, diferentes e iguais, que mergulho, permanecendo em uma paz profunda, mesmo se ao meu redor existem vozes que desejam afastar-me de ti. Permanece comigo, meu Deus, meu amado, para que eu permaneça em ti. Virgem Maria, esposa do Espírito Santo, ajuda-me a dizer "sim" a todas as moções do amor, para que todas as barreiras sejam destruídas.

Faça sua oração.

Colocar em prática

Diante das atitudes do salmista, o que você se sente impulsionado a fazer? Como procura permanecer unido a Deus com sua oração e ação? Crê ser possível alcançar a mais profunda união com Deus nas atividades que o Senhor lhe pede? O seu diretor espiritual o impulsiona à criatividade espiritual ou freia o entusiasmo de seu coração?

Salmo 51(50)
Sim, reconheço meu pecado

Este salmo é o mais conhecido e rezado pelos cristãos no momento do sacramento da Confissão, e também por nossos irmãos judeus. Trata-se de um salmo histórico cantado pelo rei Davi depois de seu encontro com o profeta Natã, quando este lhe acusa de ter pecado pelo adultério com Betsabeia e pelo homicídio do marido dela, Urias. Nos versos, as súplicas proferidas têm uma "repercussão imensa", tanto artística como musical. É um salmo penitencial e também usado para os exorcismos.

Deus não teme nossos pecados, mas a dureza do nosso coração, quando se fecha e se obstina no erro. Reconhecer o próprio pecado é o primeiro passo de uma conversão que, para ser autêntica, deve sempre tocar os três níveis do nosso ser: mente, coração e corpo. A mente, para convencer-nos de que devemos assumir atitudes novas, uma *metanóia*, isto é, uma conversão mental dos nossos pensamentos e modo de agir. Contudo, a conversão é também correção dos nossos afetos do coração, que, enfim, incidam sobre o corpo, isto é, provocando uma mudança no nosso agir.

Esta oração deve sempre encontrar lugar em nós para nos ajudar a viver na humildade e para compreendermos que o Senhor, como bom pedagogo, educa-nos e instrui-nos profundamente no íntimo do coração. Deus recusa os sacrifícios se não forem acompanhados de uma verdadeira conversão de todo nosso ser.

Salmo de arrependimento

¹ Ao regente do coro. Salmo de Davi,

² quando o profeta Natã veio ter com ele, depois do adultério com Betsabeia.

³ Tem piedade de mim, ó Deus, por tua bondade! Por tua grande compaixão, apaga meus delitos!

⁴ Lava-me por completo da minha iniquidade e purifica-me do meu pecado!

⁵ Pois reconheço meus delitos e tenho sempre presente o meu pecado.

⁶ Contra ti, só contra ti pequei, pratiquei o mal diante dos teus olhos. Serás considerado justo na sentença, incontestável no julgamento.

⁷ Eis que nasci em iniquidade, em pecado minha mãe me concebeu.

⁸ Eis a verdade! Tu a queres no fundo do coração: ensina-me, pois, no íntimo a sabedoria!

⁹ Purifica-me com hissope, e ficarei limpo! Lava-me, e ficarei mais branco que a neve!

¹⁰ Faze-me sentir gozo e alegria, e exultem os ossos que quebrantaste!

¹¹ Desvia tua face dos meus pecados e apaga todas as minhas faltas!

¹² Ó Deus, cria em mim um coração puro e suscita em meu peito um espírito resoluto!

¹³ Não me rejeites de tua presença nem retires de mim teu santo espírito!

¹⁴ Concede-me o gozo de tua salvação e um espírito generoso que me ampare!

¹⁵ Ensinarei aos ímpios teus caminhos, e para ti voltarão os pecadores.

¹⁶ Livra-me da pena de sangue, ó Deus, meu Deus salvador, e minha língua aclamará tua justiça.

¹⁷ Abre, Senhor, os meus lábios e minha boca proclamará teu louvor.

¹⁸ Não queres que eu te ofereça um sacrifício, nem aceitarias um holocausto.

¹⁹ Em vez de sacrifícios, ó Deus, um espírito contrito, sim, um coração contrito e humilhado tu, ó Deus, não rejeitas.

²⁰ Faze o bem a Sião, segundo a tua benevolência; reconstrói os muros de Jerusalém!

²¹ Então aceitarás os sacrifícios prescritos: holocaustos e oferendas completas, como também novilhos imolados sobre teu altar.

Rezar o salmo com Israel

Para compreender a origem e o valor deste salmo, precisamos de paciência e tempo para ler os capítulos 11 e 12 do Segundo livro de Samuel (2Sm). Lemos, nessas páginas, a narração da atração de Davi por Betsabeia, a sedução e o cometimento do duplo pecado: adultério e homicídio. Normalmente, o pecado não entra em nós com violência, mas lentamente, aos poucos, e depois se concretiza. Davi, sendo rei, considerava-se acima das leis humanas e divinas, sentindo que podia fazer o que quisesse e como quisesse. É uma violência que ainda hoje podemos observar no coração e na mente dos poderosos deste mundo. Pode-se até fugir da justiça humana, libertar-se, mas jamais é possível fugir da justiça de Deus, que aparece sempre no momento certo.

Os profetas são a voz da consciência oculta, não têm medo de falar: Deus os reveste de coragem única para enfrentar todos os poderosos da terra. É o próprio Deus quem fala pela boca do profeta Natã, que desmascara Davi pelo seu pecado; assim como é o próprio Senhor que fala pela boca de João Batista, quando desmascara o rei Herodes pelos seus pecados. Ao pecador arrependido, Deus lhe cancela o pecado, perdoa-o e concede-lhe uma vida nova.

Rezar o salmo com Jesus

A melhor maneira de rezar este salmo com Jesus consiste em meditar a parábola da misericórdia, que encontramos no Evangelho de Lucas 15, e recordar outros textos do Evangelho que falam de perdão e misericórdia, como João 8 (a mulher adúltera), ou as palavras do próprio Jesus: "Não são os sãos que necessitam de médico, mas os doentes. Não vim chamar os justos, mas sim os pecadores que têm necessidade de conversão e de perdão" (Lc 5,31; Mc 2,17).

Podemos dizer que o Evangelho está cheio de muitos pecadores e pecadoras, e de... pouquíssimos justos.

Rezar o salmo com a Igreja

No salmo 50, a Igreja reconhece a voz de todos os pecadores que sentem o peso de seus pecados e recorrem a Deus com confiança para serem perdoados, lavados e regenerados à vida nova. Na sociedade atual, doente de psicologismo, perdemos o sentido do pecado, encontrando milhões de escusas para fazermos o que queremos, criando-nos uma moral subjetiva, em que pensamos que tudo é permitido. Vivemos em um mundo no qual, segundo as estatísticas, aumentam os feminicídios e a violência moral de poder sobre mulheres, crianças, pessoas indefesas e migrantes.

O salmo ecoa a voz dos profetas, que apontam o dedo contra os que abusam da própria autoridade religiosa para cometer injustiças. A Igreja faz uso dele como percurso penitencial para a liturgia do tempo quaresmal, a fim de que possamos chegar à ressurreição pascal do Senhor, limpos do suicídio do pecado mortal e institucional.

O salmo encontra um espaço preferencial na liturgia de todas as sextas-feiras do ano, a partir do momento que foi considerado o dia penitencial da Igreja cristã. Ele é como uma porta aberta para a conversão radical, e abre ao crente, da mesma forma, a porta do paraíso; por isso, é cantado também na liturgia fúnebre das exéquias.

Creio que seja difícil achar alguém que, diante do salmo 51, não se encontre consigo mesmo, com seu pecado e com seu profundo desejo de perdão e misericórdia.

Releia o salmo.

Meditar o salmo

Pense com humildade na história pessoal de sua vida, na história dos seus pecados e na alegria que experimentou ao ser perdoado por Deus. Você tem medo de seus pecados? Refugia-se em si mesmo ou procura o sacramento da Confissão? Confessa-se com frequência? Sabe pedir perdão por seus erros para aqueles que sente ter ofendido?

Questionário

- Qual é o conceito que você tem do pecado: é um fato privado ou comunitário?
- Suas faltas influenciam você mesmo ou são um agravo para sua família?
- Você sabe compreender os erros dos outros ou se sente "feliz" em espalhá-los aos quatro ventos?

- Você tem a coragem do profeta Natã de acusar os pecados estruturais da sociedade?

Minha oração

Senhor, meu Deus, sou um pobre pecador. Também para mim "o pecado está sempre à minha frente", tira-me o sono e me faz viver na angústia pela minha falta de sensibilidade. Todavia, Senhor, lanço tudo isso em teu coração. Quando rezo este salmo, vem-me à mente e rezo a "Oração da alma enamorada", de São João da Cruz: "Senhor Deus, amado meu! Se ainda te recordas dos meus pecados, para não fazeres o que ando pedindo, faze neles, Deus meu, a tua vontade, pois é o que mais quero, e exerce neles a tua bondade e misericórdia, e serás neles conhecido. Mas, se esperas por obras minhas para, por esse meio, atenderes os meus rogos, dá-mas tu e opera-as tu por mim, assim como as penas que quiseres aceitar, e faça-se.

Mas, se pelas minhas obras não esperas, por que esperas, clementíssimo Senhor meu? Por que tardas? Já que, enfim, há de ser graça e misericórdia o que em teu Filho te peço, toma as minhas moedinhas, pois as queres, e dá-me este bem, pois que tu também o queres.

Quem se poderá libertar dos modos e termos baixos, se não o levantas tu a ti em pureza e amor, Deus meu? Como se elevará a ti o homem, gerado e criado em torpezas, se não o levantares tu, Senhor, com a mão que o fizeste? Não me tirarás, Deus meu, o que uma vez me deste em teu único Filho, Jesus Cristo, em quem me deste tudo quanto quero; por isso confio que não tardarás, se espero.

Com que dilações esperas, ó alma minha, se desde já podes amar a Deus em teu coração? Os céus são meus e minha a terra; minhas são as criaturas, os justos são meus e meus os pecadores; os anjos são meus e a Mãe de Deus e todas as coisas são minhas; o próprio Deus é meu e para mim, porque Cristo é meu e todo para mim. Que pedes, pois, e buscas, alma minha? Tudo isto é teu e tudo para ti. Não te rebaixes nem atentes às migalhas caídas da mesa de teu Pai. Sai de ti e glorie-te de tua glória. Esconde-te nela e goza, e alcançarás o que pede teu coração". Graças, Senhor! Que o fogo do teu amor destrua o meu pecado, e eu possa sempre ressurgir com o coração novo e novo entusiasmo.

> *Faça sua oração.*

Colocar em prática

Reze por aqueles que você considera pecadores, procurando realizar algum ato de fraternidade em confronto com os que estão longe de Deus, que não vivem em harmonia consigo mesmos, nem com os outros, nem com Deus.

Salmo 62(61)
Paz em Deus

Os salmos não são mais que um entrelaçar-se de alegria e tristeza, de esperança e momentos de desespero, saúde e doença, noite e luz; aspectos que, cedo ou tarde, todos encontraremos no caminho da vida, não uma vez, mas muitas. Uma vida só de dores não existe, tampouco uma vida só de alegrias. A vida é plena de alternativas, como as estações da natureza, que se sucedem e se alternam cada uma com seu lado positivo e seu lado negativo. É necessário saber adaptar-se e enfrentar os incômodos do inverno, para depois viver a beleza da primavera, a maturidade do outono, rico de frutos e esperança, e a alegria luminosa do verão.

Não resolve nada nos desencorajarmos e maldizermos os inimigos: sabemos que se vencem os inimigos com amor e paz. Que podemos fazer quando as situações vão mal? Abandonar-nos a Deus! Ele é o nosso repouso. Nele, as tempestades se acalmam e nosso coração vive tranquilo. Não se trata de uma atitude de fatalismo nem de omissão, e sim de um agir dinâmico que vem do coração, fazendo o que podemos e crendo firmemente que Deus fará o resto.

Só Deus é refúgio e salvação

¹ Ao regente do coro. Segundo Iditun. Salmo de Davi.
² Só em Deus minha alma descansa, dele me vem a salvação.
³ É meu baluarte; jamais vacilarei.
⁴ Até quando vos lançareis sobre um homem, para abatê-lo, de comum acordo, como uma parede inclinada ou um muro prestes a ruir?
⁵ Derrubá-lo de sua posição é seu único intento, e se comprazem na mentira; com a boca bendizem, mas no coração amaldiçoam.
⁶ Só em Deus descansa minha alma, porque dele me vem a esperança.
⁷ Só ele é minha rocha de salvação e meu baluarte: não vacilarei.
⁸ De Deus depende minha salvação e glória; Deus é minha rocha firme, meu refúgio.
⁹ Confia nele, ó povo, todo tempo, desafoga diante dele o coração!
Deus é nosso refúgio.
¹⁰ Os filhos dos homens não são mais que um sopro, e as pessoas importantes, mera aparência.
Todos juntos na balança pesariam menos que um sopro.
¹¹ Não confieis na extorsão nem vos façais ilusões com o roubo!
Ainda que cresçam vossas riquezas, não lhes deis o coração!
¹² Uma coisa Deus disse, e duas eu ouvi: Que o poder vem de Deus,
¹³ de ti, Senhor, a misericórdia; e que pagas a cada um segundo suas obras.

Rezar o salmo com Israel

Que tipo de pessoa se esconde atrás deste salmo? Talvez um sacerdote perseguido, mas bem radicado na fé. Talvez uma mulher caridosa que experimenta a distância do tempo. Ou ainda um profeta que arde de zelo pelo Senhor e, ao mesmo tempo, atira-se com força contra todos os que ridicularizam a verdadeira piedade e religiosidade.

A simbologia do salmo é forte: Deus é a rocha, o homem é frágil; Deus é verdade, o homem, mentira. Essas antíteses, esse claro-escuro, permitem-nos experimentar a fé de quem está rezando desse modo e confia em Deus. O pessimismo antropológico é um pouco o tom de muitos livros do Antigo Testamento e de um grande número de salmos. É uma oração que nos abre novos caminhos em nossa busca, humana e espiritual, do que é estável, e, em nossa fuga, do que é passageiro e vão.

Rezar o salmo com Jesus

Não é difícil descobrir uma profunda sintonia entre este salmo e as palavras de Jesus, como, por exemplo, no Evangelho de Mateus: "Todo aquele, portanto, que ouve estas minhas palavras e as põe em prática, será como um homem prudente, que construiu sua casa sobre a rocha" (Mt 7,24-27). Ou nas passagens do Evangelho de Lucas a respeito dos falsos profetas e do falso messias, dos quais é preciso acautelar-se: "Cuidado para não vos deixardes enganar, porque muitos virão em meu nome, dizendo: 'Sou eu', e 'O tempo está próximo'. Não os sigais" (Lc 21,8). Onde o ser humano encontra a paz? Em Deus:

> Mas, se eu expulso os demônios pelo Espírito de Deus, então é que chegou até vós o reino de Deus. Pois, como alguém poderá entrar na casa de um homem forte e roubar os seus haveres, se antes não conseguir subjugá-lo? Só neste caso é que poderá saquear a sua casa. Quem não está comigo, está contra mim, e quem não recolhe comigo, dispersa (Mt 12,28-30).

Atualmente é visível em todos nós a ânsia de acumular: estamos preocupados com o amanhã, sempre mais incerto. Mas eis a palavra de Jesus sobre o rico que pensa em construir outros celeiros para guardar sua colheita, porém morre naquela mesma noite, sem saber para quem ficará tudo o que acumulou:

> E lhes propôs uma parábola: "Havia um homem rico, cujas terras lhe deram muita colheita. E pensava consigo mesmo: 'O que vou fazer? Não tenho onde guardar a colheita!' Disse então: 'Já sei o que vou fazer: vou derrubar os celeiros para fazê-los maiores e guardar ali todo o trigo e os meus bens. E direi a mim mesmo: Tens muitos bens armazenados para muitos anos. Descansa, come, bebe, regala-te'. Deus, porém, lhe disse: 'Insensato! Ainda nesta mesma noite tirarão a tua vida, e para quem ficará tudo que acumulaste?' É o que acontecerá com quem guarda tesouros para si e não é rico diante de Deus" (Lc 12,16-21).

Rezar o salmo com a Igreja

Infelizmente este salmo 62 não é muito usado pela Igreja, e, ainda que a voz do salmista esconda sempre a voz de Jesus, aqui ele se abandona a Deus Pai em um momento de sofrimento.

Para nós é difícil compreender um Jesus que pede o aniquilamento dos inimigos; exatamente Ele que nos mandou perdoar os inimigos. Por isso é necessário entender bem: Jesus não pede a destruição da pessoa que faz o mal, mas sim do mal em si, cuja raiz foi vencida e aniquilada pela sua morte na cruz. É uma oração que devemos elevar ao Senhor nos momentos difíceis de nossa vida. Jamais rezá-lo sozinho ou só para si, mas sempre em comunhão, em solidariedade com todos aqueles que, dispersos pelo mundo, sofrem e são infelizes.

Releia o salmo.

Meditar o salmo

Jamais devemos ser ávidos e famélicos em relação à riqueza que sufoca a vida espiritual e a caridade fraterna. Nosso coração repousa em Deus, vivendo os valores humanos e espirituais. No entanto, somos dominados pelas riquezas? Somos tentados a ser corruptos e desonestos por ânsia de riqueza?

Questionário

- Onde você coloca sua confiança? Em Deus ou na força e na violência?
- Você crê que seja possível criar um ambiente de paz a partir de si mesmo?
- A força da esperança em Deus, nos outros e em você mesmo, pode mudar a sociedade na qual vivemos, mesmo que fechada em si mesma?

MINHA ORAÇÃO

"Só em Deus minha alma descansa, dele me vem a salvação. É meu baluarte; jamais vacilarei." Estas palavras do salmista abrem-me o coração a uma confiança imensa. Sinto que não posso temer as dificuldades que encontro em minha vida de fé. Não devo apoiar-me em minhas seguranças humanas ou teológicas, mas somente em Deus, que me sustenta com sua graça, e em Jesus, enviado pelo Pai com a força do Espírito Santo, que me santifica e coloca no meu coração e nos meus lábios as palavras que devo dizer. Creio em Deus: quem me poderá vencer no amor? Quem poderá separar-me de minha fé em Deus? Nada nem ninguém, pois nele coloquei minha confiança. Não posso confiar naquilo que passa, nem sequer na justiça humana, mas posso e devo confiar na justiça divina.

Faça sua oração.

Colocar em prática

Encontre um tempo de silêncio e oração para examinar com sinceridade seu modo de agir e pensar, e ver se há algo a mudar a fim de caminhar segundo a palavra deste salmo e a palavra de Jesus. Não tema as reações alheias: seja você mesmo.

Salmo 63(62)
Meu Deus, tenho fome e sede do teu amor!

Este é um dos meus salmos preferidos, que rezo, embora terrivelmente desafinado, tentando cantá-lo, submissamente, para mim mesmo, nos momentos em que sinto crescer e queimar dentro de mim a nostalgia, a sede e a fome de Deus.

Com o avançar dos anos, essa sede de buscar a face de Deus aumenta, cresce, e não consiste na busca de noções teológicas ou filosóficas sobre Ele, mas sim na necessidade de vê-lo, encontrá-lo, falar-lhe e contemplá-lo face a face.

É verdadeira a afirmação de Jesus sobre Deus: "'*Eu sou o Deus de Abraão, o Deus de Isaac e o Deus de Jacó*'? Deus não é Deus de mortos, mas de vivos!" (Mt 22,32); no entanto, creio também ser verdadeira a frase do filósofo Blaise Pascal, encontrada em um bilhete dentro de seu casaco: "Deus de Abraão, Deus de Isaac, Deus de Jacó. Não dos filósofos e dos doutos. Certeza. Certeza, sentimento, alegria, paz. Deus de Jesus Cristo".

O crente que encontrou Deus se exprime assim: os místicos não se contentam em discutir sobre Deus, não o julgam interessante, mas querem, sobretudo, ser divinizados pelo amor manifesto de Deus, que nos envia continuamente seu Espírito e se revela em plenitude, de modo que a humanidade possa compreender e acolher a pessoa de Jesus.

Só podemos compreender esse grito do salmista se buscarmos verdadeiramente a Deus, se Ele não permanecer uma noção estéril e vazia. E essa sua oração é concluída com uma vitória sobre todas as manifestações do mal, simbolizado pelos chacais, e sobre todos aqueles que negam a Deus.

É uma pena que a Igreja, na *Liturgia das Horas*, no uso litúrgico desse salmo, tenha decidido omitir seus dois últimos versículos, por considerá-los incômodos. Com efeito, porém, o salmista somente revela ali uma sensibilidade não habituada a sentir-se inflamada de zelo contra o mal (não contra quem faz o mal), e desejaria destruir até as raízes mais profundas do mal, em qualquer parte que se encontre. E ele manifesta uma grande intimidade com Deus, ao dizer-lhe: "Tu és meu Deus; a ti procuro, de ti tem sede a minha alma".

Anseio da alma por Deus

¹ Salmo de Davi, quando ele estava no deserto de Judá.

² Ó Deus, tu és meu Deus; a ti procuro, de ti tem sede a minha alma; Minha carne por ti anseia como a terra ressequida, sequiosa, sem água.

³ Assim te contemplo no santuário, vendo teu poder e glória.

⁴ Porque teu amor vale mais que a vida, meus lábios te louvarão.

⁵ Sim, eu te bendirei durante a vida, ao teu nome erguerei as mãos.

⁶ Como se deleita minha alma na grande fartura, assim como o júbilo nos lábios, minha boca te louva.

⁷ Se penso em ti, no leito, se, nas vigílias, medito em ti,

⁸ é porque tu foste meu auxílio, e à sombra de tuas asas posso cantar de júbilo.

⁹ Tenho a alma apegada a ti, e tua destra me ampara.

¹⁰ Mas os que intentam tirar-me a vida desçam às profundezas da terra!

¹¹ Sejam entregues ao fio da espada, ficando como presas dos chacais!

¹² O rei, porém, se alegrará em Deus; os que juram por ele o felicitarão, pois será fechada a boca dos mentirosos.

Rezar o salmo com Israel

Penso que este salmo tenha sido muito conhecido e difundido entre o povo de Israel, que esculpiu na alma a imagem de um Deus exigente, mas paciente, que deseja ser buscado com ardor e amor.

Não podemos deixar de pensar nas palavras do profeta Isaías, conhecido como profeta e evangelizador da esperança: quase todo seu livro é repleto de alegria, que nasce da esperança e que aprofunda suas raízes em Deus. "Buscai o Senhor enquanto se deixa encontrar, invocai-o enquanto está perto" (Is 55,6).

Este salmo 63, este cântico místico-contemplativo, provavelmente foi composto – como diz o subtítulo inicial – pelo próprio Davi, quando se encontrava no deserto de Judá, isto é, em um momento de solidão extrema. Ele podia ver ali, todos os dias, com os próprios olhos, a terra queimada pelo sol à espera da chuva, compreendendo quanto era difícil suportar a sede sob o sol ardente do deserto.

Assim também é a alma que busca a Deus, que tem fome e sede do infinito. O amor de Deus vale mais que a vida; por isso, o crente pensa em seu Deus dia e noite.

O salmo conclui-se com uma maldição lançada contra todo mal, em suas múltiplas manifestações.

Rezar o salmo com Jesus

Se refletirmos com amor, em atitude de escuta ao Espírito Santo, perceberemos que o conteúdo deste salmo estava presente, semelhantemente, no coração de Jesus. Talvez porque, sempre que se busca a Deus com sinceridade, chega-se a usar as mesmas palavras para expressá-lo. A palavra isolada, porém, fora de contexto, não tem nenhum valor, podendo ser usada na mística, na economia, na política, na pornografia ou nas artes.

Há várias passagens no Evangelho que dizem que Jesus orava e que amava fazê-lo durante a noite, em lugares tranquilos, nas montanhas, e em momentos importantes de sua vida, como, por exemplo, antes de escolher seus apóstolos. "Pela manhã, ele [Jesus] se levantou, muito antes do amanhecer, saiu para um lugar deserto e se pôs em oração" (Mc 1,35). Como não pensar também na Eucaristia, o "lauto banquete" no qual Jesus cria um novo modo de permanecer conosco; algo que jamais poderemos compreender plenamente. Assim, o amor, quando é "compreendido", não é mais amor, quer seja divino, quer humano.

Portanto, essa mesma fome e sede que Jesus experimenta com relação ao Pai: "Disse-lhes Jesus: 'Meu alimento é fazer a vontade daquele que me enviou e completar a sua obra'" (Jo 4,34), pode ser encontrada neste salmo. É possível até chamá-lo de um nome pouco usual: "O Pai-Nosso do Antigo Testamento"; isso porque, quando rezado, deixa no coração uma forte nostalgia de Deus. Parafraseando São João da Cruz: "Esta doença jamais se cura a não ser com a presença e a figura", isto é, o padecimento, o sofrimento, acarreta forte desejo de Deus, que só pode ser mitigado por sua presença. A nostalgia de Deus só pode ser saciada ao se contemplar diretamente sua face: aqui na terra, pela face de nossos irmãos e irmãs; e, na eternidade, diretamente, quando o contemplaremos "tal como Ele é" (1Jo 3,2).

Rezar o salmo com a Igreja

Este salmo 63 é muito recorrente na oração da Igreja, que canta seus louvores ao Senhor sem cessar, em toda a terra. Ele toca profundamente o coração e o corpo dos que procuram o verdadeiro repouso, que anelam e desejam a água que faz brotar a vida, como a terra deserta anela e deseja a chuva. É a oração dos contemplativos, daqueles que têm sempre o olhar e as mãos elevados ao céu, como Moisés, para interceder em favor dos que lutam e combatem sobre a terra.

É também a oração dos viajantes sedentos que suplicam, ao menos, por um copo de água e um pedaço de pão, a fim de continuar a sua longa viagem. Para os cristãos é ainda um cântico eucarístico, de ação de graças e, ao mesmo tempo, de súplica, a fim de que o Senhor nos livre dos inimigos, que atentam contra nossa vida, e das doenças, depressões, angústias, revoltas, raivas que nos invadem diante das injustiças humanas.

Costuma-se ainda rezar este salmo na *Liturgia das Horas*, nas laudes matutinas de todos os primeiros domingos, nas solenidades e nas festas; além disso, está presente na liturgia fúnebre, bem como em todos os momentos, de manhã, ao meio-dia, à tarde e especialmente à noite, em que sentimos mais forte no coração essa fome e sede de Deus, a qual jamais pode ser sufocada, por ninguém nem por nada. A Igreja, que é mãe, nunca esquece que temos sede do infinito, sabendo bem que as coisas da terra nos cansam facilmente.

Releia o salmo.

Meditar o salmo

Você sabe o que significa ter sede e fome de Deus? Como experimenta esse desejo? Você ajuda outros a sentirem a necessidade de Deus? De que modo? Medite profundamente sobre isso e sua ação na igreja terá um sentido renovado.

Questionário

- Alguma vez você já se perguntou por que muita gente negligencia e abandona a religião católica para encontrar refúgio nas sedes protestantes ou nas religiões orientais?
- Você acha que buscam a Deus ou a si mesmos? Ou estão simplesmente desiludidos pelo comportamento da Igreja e dos seus ministros?

Minha oração

Senhor, busco desde a infância o teu amor.
Sinto-te próximo, mas não te vejo;
quero abraçar-te, mas não é possível. Sinto aridez no meu coração, tudo me parece morto e sem vida. Onde te escondestes, meu Deus? Meu amado e Senhor, por que não te revelas nesta pequena e insignificante criatura que te ama e te serve com generosidade e fidelidade? Amo-te, meu Deus! És a minha certeza; ajuda-me a percorrer os momentos mais difíceis de minha vida. Quando caio sob o peso dos meus pecados, tu me levantas e me dá coragem e esperança de continuar amando-te, mesmo se não o sinto presente em minha vida. Às vezes, a Igreja me desilude, e eu também a desiludo, não obstante a ame como parte viva da minha história. Senhor, não me abandones na tentação, mas livra-me do mal!

Faça sua oração.

Colocar em prática

Nos momentos de solidão, de dor e desconforto, não se desencoraje, mas procure na oração a face do Senhor. Quando seu trabalho de evangelização, na família ou na igreja, parecer-lhe inútil, busque a Deus entre os pobres e os últimos, entre aqueles que não lhe podem recompensar pelos benefícios que presta a eles, mesmo que, às vezes, com alegria nos olhos, agradeçam-lhe.

Salmo 69(68)
Meus olhos queimam na espera do meu Deus

Este é um salmo muito longo e complexo em sua composição, em seu conteúdo e nos sentimentos que exprime. Não parece ter sido escrito por uma única pessoa, mas por várias, que, pressionadas por grandes dores físicas e psicológicas, expressam seus diversos conflitos, os quais talvez somente em um segundo momento foram reunidos em um único salmo.

Muito apreciado por rabinos e pelos primeiros cristãos, que sempre viram neste salmo, em filigrana, a história da Paixão de Jesus, nele se encontram também algumas expressões que serviram de base para os evangelistas. Trata-se de uma lamentação que podemos definir como "salmo do servo sofredor" de YHWH.

O sofrimento tem um rosto, uma história, mas que, às vezes, é contada no anonimato, sem um rosto, sem um nome, de maneira que possa compreender em si todos os rostos e nomes. E é do sofrimento que nascem o abandono e a confiança em Deus. Mesmo quando temos uma sensação de abandono, Ele está sempre conosco.

Lamento do justo sofredor

¹ Ao regente do coro. Segundo a melodia "Os lírios". De Davi.

² Salva-me, ó Deus! A água me chega até à garganta;

³ afundo-me no lamaçal e não posso firmar o pé; estou submergido em água profunda, e a correnteza me arrasta.

⁴ Estou esgotado de gritar, tenho a garganta rouca; meus olhos se anuviam de tanto aguardar o meu Deus.

⁵ São mais numerosos que os cabelos de minha cabeça os que me odeiam sem razão; poderosos são os que me querem aniquilar, são fraudulentos os meus inimigos: o que não roubei, como o hei de restituir?

⁶ Conheces, ó Deus, meus desatinos, e minhas culpas não te são ocultas.

⁷ Não fiquem decepcionados, por minha causa, os que em ti esperam, Senhor Deus Todo-poderoso! Não sejam humilhados, os que te buscam, ó Deus de Israel!

⁸ Por ti suporto afrontas, a vergonha me cobre o rosto.

⁹ Sou um estranho para meus irmãos, um estrangeiro para os filhos de minha mãe,

¹⁰ porque o zelo por tua casa me devora, e os ultrajes com que me insultam recaem sobre mim.

¹¹ Quando eu chorava e jejuava, só recebia insultos;

¹² quando me vestia de burel, tornava-me ludíbrio deles.

¹³ Sentados na praça, murmuravam contra mim, fazendo trovas, enquanto se embriagavam.

¹⁴ Mas eu dirijo a ti minha oração, Senhor, no momento propício. Ó Deus, por tua grande misericórdia, responde-me com a certeza da salvação!

¹⁵ Retira-me do lodo, para que eu não me afunde! Livra-me dos que me odeiam e das águas profundas,

¹⁶ para que não me arraste a correnteza, nem trague o torvelinho, nem a boca do poço se feche sobre mim!

¹⁷ Responde-me, Senhor, porque tua misericórdia é benevolente! Por tua grande compaixão, volta-te para mim!

¹⁸ Não ocultes teu rosto a teu servo, porque estou na angústia! Depressa, responde-me!

¹⁹ Aproxima-te de mim, resgata-me, livra-me dos inimigos!

²⁰ Conheces meu vexame, minha ignomínia e desonra; todos os opressores estão diante de ti.

²¹ O ultraje me esmaga o coração, e desfaleço; esperava piedade, mas em vão; quem me consolasse, e não encontrei.

²² Puseram-me veneno na comida, em minha sede deram-me a beber vinagre.

²³ Que a mesa se lhes torne uma armadilha, uma cilada para os aliados!

²⁴ Que seus olhos se anuviem e não vejam! Faze-lhes tremer os quadris sem cessar,

²⁵ descarrega sobre eles teu furor! Que os atinja o ardor de tua ira!

²⁶ Que seu acampamento seja devastado, e ninguém habite em suas tendas.

²⁷ Porque perseguem aquele que feriste, e contam as chagas daquele que dilaceraste.

²⁸ Soma seus delitos, um por um! Não tenham acesso à tua justiça,

²⁹ mas sejam riscados do livro da vida e não sejam inscritos com os justos!

³⁰ Quanto a mim, indefeso e aflito, conforte-me, ó Deus, tua salvação!

³¹ Entoarei um cântico ao nome de Deus e o exaltarei com ação de graças.

³² Isso agradará ao Senhor mais que um touro, mais que um novilho com chifres e patas.

³³ Ao vê-lo, os humildes se alegrarão: "Vós, que buscai a Deus, cobrai ânimo,

³⁴ porque o Senhor atende os pobres e não rejeita os seus, quando cativos".

³⁵ Louvem-no os céus e a terra, os mares e quanto neles se move!

³⁶ Porque Deus salvará Sião e reconstruirá as cidades de Judá; e haverá habitantes que a herdarão.

³⁷ A descendência de seus servos a receberá em herança, e os que amam seu nome serão seus habitantes.

Rezar o salmo com Israel

Este salmo representa três momentos da história de Israel. É uma longa lamentação que nasce do sofrimento e intercala-se com uma oração de súplica, a fim de que o Senhor livre o salmista do lamaçal, da areia movediça, para não sucumbir à tentação e ao desencorajamento. Trata-se de um retrato da pessoa humana, sempre muito volúvel, passando do otimismo ao pessimismo, da paz interior à angústia e à ansiedade, o que a impede de agir com calma e entrar em comunhão com os outros por meio de um diálogo sereno, com amor.

Finalmente, no salmo há um grito de esperança em um amanhã melhor que o presente: o salmista crê que os momentos escuros e tristes não voltarão mais, que as doenças serão curadas, que a morte não virá ceifar seus entes queridos e que essa realidade não está distante. Ele deixa claro também que sua fé, muitas vezes, consiste em servir a Deus por interesse: caso seja bom, se rezar cotidianamente e participar de todo os ritos... o Senhor o recompensará. O homem bíblico dificilmente conhece e pratica o amor gratuitamente, esperando do Senhor uma recompensa. Ele jamais aceitaria o pensamento de São João da Cruz: "Mesmo se Deus não chegasse a conhecer o meu amor, eu o amaria do mesmo modo".

Rezar o salmo com Jesus

Este salmo 69 é o mais citado nos Evangelhos, uma vez que o próprio Jesus o reza em situações difíceis de sua vida, por exemplo: quando expulsa os vendedores do Templo: "O zelo por tua casa me devora" (Jo 2,17); quando, antes de sua Paixão, se refere aos inimigos que atentam contra sua vida: "Odiaram-me sem motivo" (Jo 15,25); e nos momentos de sua Paixão, quando se cumprem as palavras do salmo (versículo 22): "Em minha sede deram-me a beber vinagre", após a exclamação de Jesus sobre a cruz: "Tenho sede" (Jo 19,28). "Logo um dos que estavam ali correu a tomar uma esponja, ensopou-a no vinagre, fixou-a numa cana e lhe deu de beber" (Mt 27,48; Mc 15,36). Os primeiros cristãos também viram nesses versículos do salmista a figura do próprio Apóstolo Judas, que, por ameaça dos soldados, renegou o Mestre.

Diante deste salmo, então, sentimo-nos em união com a Paixão de Cristo, e com a Paixão de tantos pobres explorados das maneiras mais indignas. Diante do sofrimento, não podemos permanecer indiferentes, mas cada um deve assumir a própria responsabilidade. O mundo no qual vivemos é famélico, desejoso de fama, de poder e riqueza. Proliferam as máfias que oprimem sem piedade os mais pequeninos. Jesus Cristo, porém, durante sua vida terrena, condenou todas as formas de injustiça. Nesse sentido, a conclusão do salmo é um hino de ação de graças, porque o mal jamais poderá vencer o bem. Vivamos sustentados por essa esperança!

Rezar o salmo com a Igreja

Este salmo se tornou também a voz de cada um de nós e da Igreja, perseguida e sofredora em tantas partes do mundo. É uma ilusão pensar que a técnica e o progresso da ciência humana conseguem debelar as perseguições ideológicas e as diferentes crenças do mundo. Todas as religiões, não somente a católica, tiveram e têm os próprios mártires, fruto do ódio ou da intolerância. Isso jamais deveria acontecer, se verdadeiramente se amasse a Deus.

Deus – se for o verdadeiro Deus – jamais poderá ser motivo de luta, discriminação e ódio. A religião serve para nos "unir" (do latim *religar*), e certamente não para dividir-nos.

Durante a liturgia da Semana Santa reza-se este salmo, no qual é descrita a Paixão do justo por excelência, o Cristo Jesus. Nós cristãos, portanto, somos chamados a ter sempre os olhos fixos no Crucificado, nosso modelo perfeito de amor, de doação completa de si mesmo para o bem dos outros. Caminhamos entre dificuldades, mas devemos ser capazes de carregar com alegria e esperança a nossa cruz. Ser cristão não quer dizer ter menos respeito para com quem não tem fé, mas sim que se sofre em comunhão com Cristo, oferecendo com alegria esse sofrimento como oração.

Trata-se de um salmo que podemos rezar nos momentos de sofrimento, quando nos sentirmos injustamente caluniados e ofendidos, a fim de que, desse modo, possamos encontrar conforto e consolação.

Releia o salmo.

Meditar o salmo

O salmista vive uma situação-limite no seu sofrimento. Não podemos compreender plenamente do que se trata. Uma doença? Uma calúnia? Um problema econômico? A morte de um parente ou de um amigo muito amado?

Seja como for, às vezes também em nossa vida há situações-limite, porém jamais devemos perder a esperança, mas sempre olhar para frente.

Reflita no seu coração como você vive a sua fé nos momentos difíceis.

Questionário

- Na sua opinião, por que a Igreja é perseguida? Em alguns países, aberta e publicamente, e, em outros, de maneira sutil e escondida.
- Você encontra dificuldade em manifestar a sua fé na família, na sociedade e no ambiente de trabalho?

MINHA ORAÇÃO

Senhor, nos meus longos anos de carmelita descalço, sacerdote, cristão, e na escuta de tantas irmãs e tantos irmãos no confessionário, na direção espiritual, na leitura da vida dos santos, cheguei a uma conclusão, contemplando de modo particular a vida de Jesus: não é possível ser homem ou mulher honesto sem sofrer. O sofrimento se torna um dom do nosso amor por ti, Senhor, e tu não nos deixa jamais sozinhos, mas nos acompanhas sempre. Mesmo se muitas vezes não nos damos conta, tu levas a cruz em nosso lugar. Caminho com passo lento para o meu calvário. Levo a cruz com amor, caio, e tu, Jesus, levantas-me. Vejo tantas pessoas que sofrem mais do que eu: dá-me coragem de ajudá-las. Não permitas que eu passe ao lado de quem sofre sem parar e dizer uma palavra, sem levar para ele a sua cruz, como um bom cireneu.

Faça sua oração.

Colocar em prática

Faça um gesto concreto para aqueles que são perseguidos por sua fé, ou desprezados ou escarnecidos porque sua fé é "diferente". Saber respeitar a fé alheia é sinal de respeito, de amor para com Deus e para com os irmãos e irmãs.

Salmo 89(88)
Onde está teu primeiro amor?

Peço perdão aos meus cinco leitores, mas este salmo é muito longo. Eu poderia dividi-lo em três partes, mas prefiro que cada um o divida como quiser, para meditá-lo como e quando puder, por quantos dias desejar, de acordo com sua disponibilidade. Segundo estudiosos, deve ter sido composto a partir de salmos distintos. Isso se deduz pelo tom, pelo conteúdo, pelos sentimentos percebidos ao longo dele.

Trata-se de um salmo "monumental", cheio de contrastes, e, ao mesmo tempo, é contemplativo, pleno de ternura e de confiança; é um hino de louvor, de oração e lamentação ao mesmo tempo. Podemos dividi-lo do seguinte modo:

- Versículos 1-15: Deus faz aliança com seu povo, celebrada em uma pequena profissão de fé, presente também em tantas outras passagens do Antigo Testamento: "Quem é grande como o nosso Deus?" Depois o salmista contempla a ação de Deus Criador, que em todas as coisas deixa um sinal do seu poder, que não escraviza, mas liberta. A essa primeira parte, poderíamos dar o título: "Cantarei sem fim a misericórdia do Senhor".

- Versículos 16-38: na segunda parte do salmo, o salmista canta a memória, a história da presença de Deus, que fala por meio dos profetas, prometendo enviar, um dia, o seu mensageiro: memória do rei Davi, como realização da promessa de um salvador no Antigo Testamento e prefiguração – para os cristãos – da pessoa de Jesus. A promessa de Deus é, ao mesmo tempo, também punição, admoestação, a fim de que o crente permaneça fiel em toda circunstância. Deus não castiga para nos ver sofrer, mas para que nos corrijamos e aprendamos a evitar o mal e fazer o bem. Assim poderíamos intitular esta parte: "A fidelidade de Deus a sua aliança".

- Versículos 39-53: a terceira parte do salmo é uma oração-lamentação, na qual o salmista exprime a sua solidão, pois sente que Deus o abandonou por causa de seus pecados e dos pecados do povo; por isso pede perdão, perguntando a Deus: "Até quando, Senhor, continuarás escondido ao teu consagrado?"; "Onde estão, Senhor, teus favores de outrora?" O consagrado de Deus sofre perseguições, mas, mesmo nessas circunstâncias, Deus permanecerá fiel. E o salmo conclui-se com um ato de fé e louvor: "Bendito seja o Senhor para sempre. Amém! Amém!" O título aqui poderia ser: "Onde estão, Senhor, teus favores de outrora?"

A fidelidade de Deus à aliança davídica

¹ Poema didático de Etã, o ezraíta.

² Cantarei eternamente os favores do Senhor; minha boca proclamará tua fidelidade de geração em geração.

³ Sim – digo eu –, teu amor mantém-se para sempre como o céu, onde estabeleceste tua fidelidade:

⁴ "Fiz aliança com meu eleito, jurando a Davi, meu servo:

⁵ Estabelecerei tua descendência para sempre, e te construirei um trono, de geração em geração".

⁶ Os céus proclamam tuas maravilhas, Senhor, e tua fidelidade, na assembleia dos santos.

⁷ Quem, sobre as nuvens, se compara ao Senhor? Quem é igual ao Senhor entre os filhos dos deuses?

⁸ Deus é terrível no conselho dos santos, mais temível do que todos que o circundam.

⁹ Senhor Deus Todo-poderoso, quem é igual a ti? Poderoso és tu, Senhor, e tua fidelidade é teu cortejo.

¹⁰ Tu dominas a fúria do mar; quando se sublevam as vagas, tu as amansas.

¹¹ Trituraste o cadáver de Raab, dispersaste os inimigos com o poder de teu braço.

¹² Teu é o céu, tua é a terra; fundaste o mundo e quanto ele contém.

¹³ O Norte e o Sul, tu os criaste; o Tabor e o Hermon exultam com teu nome.

¹⁴ Tens o braço cheio de vigor, a mão forte, a destra erguida.

¹⁵ A justiça e o direito são as bases de teu trono, amor e fidelidade tornam acessível tua presença.

¹⁶ Feliz o povo que sabe aclamar-te! Eles caminharão à luz de tua face, Senhor.

¹⁷ Em teu nome rejubilam, todo dia, e se orgulham com tua justiça.

¹⁸ Sim, tu és sua honra e sua força, com teu favor se ergue nossa fronte,

¹⁹ porque ao Senhor está sujeito nosso escudo, ao Santo de Israel, o nosso rei.

²⁰ Outrora falaste, em visão, dizendo aos teus fiéis: "Dei meu apoio a um herói, do meio do povo exaltei um eleito.

²¹ Encontrei Davi, meu servo, ungi-o com óleo sagrado.

²² Minha mão o sustentará, meu braço o fortalecerá.

²³ Não o surpreenderá o inimigo, o ímpio não o oprimirá,

²⁴ pois esmagarei diante dele os adversários, e ferirei os que o odeiam.

²⁵ Minha fidelidade e meu amor estarão com ele; em meu nome se erguerá sua fronte.

²⁶ Colocarei sua mão sobre o mar, sua direita sobre os rios.

²⁷ Ele me invocará: 'Tu és meu Pai, meu Deus, rocha de minha salvação'.

²⁸ E eu farei dele meu primogênito, o mais elevado entre os reis da terra.

²⁹ Para sempre lhe guardarei meu amor, minha aliança com ele será estável.

³⁰ Estabelecerei sua descendência para sempre, e seu trono como os dias do céu.

³¹ Se seus filhos abandonarem minha lei e não seguirem meus decretos,

³² se violarem meus preceitos e não guardarem meus mandamentos,

³³ eu punirei com a vara suas transgressões, e seus pecados, com açoites;

³⁴ mas não retirarei dele meu amor nem invalidarei minha fidelidade.

³⁵ Não violarei minha aliança nem mudarei o que saiu dos meus lábios.

³⁶ Uma vez jurei por minha santidade, e não faltarei à palavra com Davi:

³⁷ Sua descendência durará para sempre, e seu trono será como o sol diante de mim,

³⁸ Com a lua, que sempre permanece, testemunha fiel no céu".

³⁹ Tu, porém, o repeliste e rejeitaste, irritado contra teu ungido.

⁴⁰ Renegaste a aliança com teu servo, conspurcaste na lama seu diadema.

⁴¹ Abriste brechas em todas as suas muralhas, desmantelaste suas fortalezas.

⁴² Saquearam-no todos os que passavam, e ele tornou-se o ludíbrio dos vizinhos.

⁴³ Exaltaste a destra dos adversários e alegraste todos os inimigos.

⁴⁴ Embotaste o fio de sua espada e não o apoiaste no combate.

⁴⁵ Puseste fim ao seu esplendor e derrubaste por terra seu trono.

⁴⁶ Abreviaste os dias de sua juventude e o cobriste de ignomínia.

⁴⁷ Até quando, Senhor, continuarás escondido ao teu consagrado, e arderá como fogo a tua cólera?
⁴⁸ Lembra-te como é breve minha vida, quão efêmeros criaste todos os filhos dos homens!
⁴⁹ Quem viverá sem ver a morte, quem livrará sua vida das garras do abismo?
⁵⁰ Onde estão, Senhor, teus favores de outrora? O que juraste a Davi por tua fidelidade?
⁵¹ Considera, Senhor, quantos ultrajes contra teus servos carrego no peito, da parte de muitos povos!
⁵² Como proferem injurias, Senhor, teus inimigos! Como injuriam os passos de teu ungido!
⁵³ Bendito seja o Senhor para sempre! Amém! Amém!

Rezar o salmo com Israel

Na leitura serena e tranquila deste salmo, não é difícil compreender que se trata de um encontro de várias épocas da história do povo eleito de Deus, em um momento de profunda comunhão, de certeza da presença de Deus, quando o povo, pela voz do salmista, tendo se afastado de Deus, talvez pela idolatria ou por uma série de guerras externas e internas, invoca e procura a paz, suplicando a Ele para não ser abandonado.

É interessante perceber como essa proximidade com Deus, retratada neste salmo, é a mensagem que nos toca mais de perto, levando-nos a pensar como podemos reconhecer, hoje, em nossa realidade cotidiana, aquilo que nos afasta do seu amor. Devemos sempre crer em Deus, não obstante todas as aparências que nos levam a imaginar que Deus nos abandonou ou que todo mal que vemos em nós e ao nosso redor seja uma punição dele. Deus não nos pune, no máximo, corrige-nos, para que nos convertamos.

O salmo revela várias situações de falência, que, vistas com os olhos de Deus, tornam-se oportunidade de vida nova, regenerada no espírito. Também o pecado, a queda, pode transformar-se em graça, se nos abrirmos ao amor e ao perdão. As previsões que podemos fazer sobre nosso futuro são todas falíveis, pois os desígnios de Deus não são os mesmos que os nossos; porém, das cinzas do falimento, nasce uma vida nova. "*Misericordias Domini in aeterno cantabo*", isto é, "Cantarei eternamente as misericórdias do Senhor". Estas palavras orientaram a vida de Teresa d'Ávila e de Santa Teresa do Menino Jesus de Lisieux. Como é belo aprender em cada circunstância as misericórdias do Senhor!

Rezar o salmo com Jesus

Se o salmista (ou a salmista) se sente "escarnecido, zombado, desprezado" pelos descrentes ou pelos que não aceitam a verdade, podemos imaginar que Jesus tenha sentido o mesmo, ou ainda mais, na própria vida. Esse desprezo é evidente especialmente em sua Paixão, mas não só aí. Sabemos que, durante sua vida pública, os fariseus e os escribas sabotavam continuamente sua missão e procuravam de todas as maneiras tramar-lhe armadilhas, escarnecê-lo, desacreditá-lo junto ao povo, e, finalmente, crucificaram-no.

Ainda hoje se discute, entre historiadores, teólogos e psicólogos, em definitivo, quem crucificou Jesus? Os hebreus dizem que foram os romanos, e os romanos, que foram os chefes do povo hebraico. No entanto, realmente, todos nós, toda a humanidade, que recusamos a verdade e matamos os profetas, somos os responsáveis – ainda hoje – pela morte de Jesus. Somente Ele é o primogênito de Deus, o Ungido, o Consagrado, o Messias, o Cristo, o Filho de Davi, enquanto nós somos filhos por participação. Jesus afirma fortemente que é rei, mas não segundo a mentalidade humana:

> Pilatos entrou no palácio, chamou Jesus e lhe perguntou: "És tu o rei dos judeus?" Jesus respondeu: "Perguntas por ti mesmo ou foram os outros que te disseram de mim?" Disse Pilatos: "Por acaso sou eu um judeu? A tua nação e os sumos sacerdotes te entregaram a mim: o que fizeste?" Jesus respondeu: "Meu reino não é deste mundo. Se fosse deste mundo, os meus ministros teriam lutado para que não fosse entregue aos judeus. Mas meu reino não é daqui". Disse-lhe então Pilatos: "Logo, tu és rei?" Respondeu Jesus: "Tu o dizes: eu sou rei. Para isso nasci e para isso vim ao mundo, para dar testemunho da verdade. Todo aquele que é da verdade ouve a minha voz" (Jo 18,33-37).

A vitória final de Cristo é a ressurreição, que cala todas as vozes, dando alívio e esperança ao coração humano, em uma vida que sempre renasce.

Rezar o salmo com a Igreja

Os Padres da Igreja e a liturgia leem este salmo 89 em perspectiva messiânica, referindo-o ao Cristo Senhor que se sentará sobre o trono de Davi e virá salvar a humanidade, e o seu reino não terá fim; porém esse reino se inicia agora, aqui, sobre a terra, à medida que acolhemos a Palavra de Deus e a colocamos em prática.

Jesus descende da estirpe de Davi, e é o verdadeiro consagrado. Para os cristãos, Ele nasceu por obra do Espírito Santo, sobre Ele pousou e permaneceu o Espírito Santo e Deus mesmo o enviou para anunciar a Boa-Nova aos pobres. Cristo é o único "pastor" da Igreja, e Ele nos conhece e nós reconhecemos a sua voz. Após a ressurreição, essa voz divina nos ensina o caminho a seguir, governa-nos e santifica-nos, e chega a nós por meio da voz dos apóstolos e de seus sucessores, sempre em comunhão e unidade com Pedro. Ainda hoje o papa é sinal visível da comunhão eclesial.

Este salmo é, muitas vezes, usado na liturgia, durante o período de Natal e por ocasião das festividades dos pastores da Igreja; contudo, não totalmente, mas sim dividido em várias partes. Ele se torna a voz da Igreja, que suplica a Deus para não abandonar seu povo e perdoar suas infidelidades.

Em momentos de oração, como no cântico do *Magnificat*, a Igreja pede a Deus a recordação das promessas feitas a Abraão e aos seus descendentes. Assim também nos momentos de perseguição e sofrimento: nossa vida deve ser sempre um cântico à misericórdia do Senhor, experimentada em nós mesmos e nos outros.

Releia o salmo.

Meditar o salmo

Quando a promessa de Deus não se realiza, Ele é considerado infiel? Ou a humanidade se lamenta de Deus e reclama que sua promessa não se realiza? Medite sobre sua vida pessoal, comunitária e eclesial: por que nos desencorajamos ante o silêncio de Deus? Talvez Deus nos queira falar também com seu silêncio, assim como fez com o profeta Elias, que fugiu ao deserto para não assumir sua responsabilidade. Releia o texto de 1Reis 17–19.

Questionário

- O que Deus espera de nós, da Igreja, da comunidade em que vivemos?
- Como podemos reavivar nossa fé nos tempos de prova?
- Você se sente "perseguido", incompreendido, isolado por sua coerência à Palavra de Deus e por empenhar-se a Ele?

MINHA ORAÇÃO

Senhor, quero sempre cantar a tua misericórdia; quando a noite e o deserto se sucedem em minha vida, quando a dor e o sofrimento se apresentam, quero dar-te graças, Senhor, porque me amas, me purificas dos pecados. Quero agradecer-te especialmente quando sofro e sou incompreendido pela radicalidade da minha fé, do meu serviço aos pobres, aos últimos que são abandonados pelas estruturas sociais e religiosas. Sou consagrado ao teu serviço, e tu me unges a cabeça com o "óleo da exultação". Envia-me, então, para cumprir minha missão de semeador de esperança.

Faça sua oração.

Colocar em prática

Quando lhe parece que Deus o abandonou e lhe assaltam dúvidas de fé, você busca auxílio em quem tem mais fé do que você? Como você ajuda os irmãos e irmãs que se encontram em situações de incompreensão na paróquia, na comunidade?

Salmo 91(90)
Sob tuas asas me refugio, Senhor

Considero este salmo um dos mais belos do Saltério. Trata-se de uma oração forte e emocionante em que o salmista pede ao Senhor proteção para escapar dos laços e redes dos caçadores. Pela poderosa simbologia do texto, talvez ele fosse um rei preparando-se para a batalha; ou um profeta sentindo-se impulsionado por Deus para fazer uma profecia que os inimigos lhe armaram; ou um simples fiel sentindo-se preso e amarrado nos laços de seus rivais; ou ainda um sacerdote rezando por alguém que lhe pedira uma bênção e uma oração, antes de voltar ao seu trabalho cotidiano, à sua terra.

Contudo, não tem muita importância estabelecer com segurança quem seja o salmista. Sua identidade interior nos dá um exemplo de como recorrer a Deus nas dificuldades. Sozinhos não podemos resistir às tentações, tanto espirituais como humanas. A quem confia plenamente em Deus, porém, nada poderá acontecer de mal, pois o Senhor o cobre com sua "sombra", assim como diz o salmo. A imagem da sombra divina que cobre e protege é plena de delicadeza e ternura, assim como a de que Deus envia o seu anjo diante de nós para tirar de nosso caminho as pedras nas quais poderemos tropeçar e cair; esta é a delicadeza do amor previdente de Deus.

Oráculo de proteção para um exilado no Templo

¹ Como quem está sob a proteção do Altíssimo e se mantém à sombra do Todo-poderoso,

² transmito a mensagem ao Senhor: "Meu refúgio e minha fortaleza, meu Deus, em quem confio!"

³ Por que ele te livra da rede do caçador e da epidemia funesta.

⁴ Ele te cobre com suas plumas, e debaixo de suas asas te abrigas; sua fidelidade é escudo e couraça.

⁵ Não temerás o pavor da noite nem a flecha que voa de dia;

⁶ nem a epidemia que ronda no escuro nem a peste que devasta ao meio-dia.

⁷ Se tombarem mil ao teu lado e dez mil à tua direita, tu não serás atingido.

⁸ Basta abrires os olhos e verás o castigo dos ímpios.

⁹ Porque, dizendo: "Tu, Senhor, és meu refúgio", fizeste do Altíssimo teu asilo.

¹⁰ Não te atingirá mal algum, nem o flagelo chegará à tua tenda,

¹¹ pois ele ordenará aos seus anjos que te guardem em todos os teus caminhos.

¹² Eles te levarão nas mãos, para que teu pé não tropece na pedra.

¹³ Caminharás sobre o leão e a víbora, pisotearás feras e dragões.

¹⁴ "Já que ele se afeiçoou a mim, eu o livrarei; protegê-lo-ei, porque conhece meu nome.

¹⁵ Se me invocar, responderei; estarei com ele no perigo, libertá-lo-ei e o glorificarei.

¹⁶ Hei de saciá-lo com longos dias e manifestar-lhe-ei minha salvação".

Rezar o salmo com Israel

O verbo "repousar", em hebraico, é usado muitas vezes para dizer "passar a noite no Templo em oração" e vigiar toda a noite antes de empreender uma grande obra, para ter a proteção do Senhor. Mesmo se fosse o rei ou um profeta que passasse a noite em oração, como também um simples fiel, em vista de alguma decisão importante, muitas vezes ele rezava este salmo para obter uma bênção.

Eram os sacerdotes do Templo que acolhiam os fiéis e, entre eles, não raro, instaurava-se um diálogo orante. No final da noite, era pronunciado o oráculo do Senhor, que prometia ao rei a vitória. É uma oração afetuosa, na certeza de que Deus não deixará de cumprir suas promessas. Deus o dirá explicitamente: "Quero libertá-lo, haverá longos dias de alegria e de vitória".

Rezar o salmo com Jesus

Jesus, antes de iniciar sua vida de anúncio do Evangelho, na sua luta contra o mal, quis passar quarenta dias no deserto em oração. Durante essa oração foi tentado pelo diabo, que tomou exatamente as palavras deste salmo: "Joga-te daqui para baixo [...]. A teu respeito [Deus] ordenou a seus anjos e eles te carregarão nas mãos..." (Mt 4,6), e venceu.

O diabo, o dragão, a serpente estão sempre escondidos, espreitando para ferir-nos, mas o poder de Deus é sempre mais forte. Jesus não dialoga com o diabo, mas o rebate com a mesma palavra de Deus: "Está escrito: *Não tentarás o Senhor teu Deus*".

Podemos nos perguntar: Jesus rezou este salmo 91? Creio ser possível afirmar tranquilamente que sim; Ele o fez em seus momentos de luta contra o mal, e a vitória final é a sua ressurreição.

Rezar o salmo com a Igreja

A oração do salmo 90 (segundo a numeração greco-latina) se tornou uma das orações preferidas dos cristãos no tempo da Quaresma e na oração da noite (Completas). Após um dia de trabalho, luta e tentação, e talvez de quedas e vitórias, sentimos necessidade de voltar nosso pensamento de ação de graças ao Senhor, mas também para pedir proteção contra os fantasmas da noite, os sonhos que nos assaltam e nos ferem, não permitindo que repousemos tranquilos.

Deus sempre nos protege, com todo seu amor providente, para não cairmos nas tramas do mal.

Se lermos a história da Igreja, veremos que jamais lhe faltou perseguição; assim, a perseguição para com a Igreja, comunidade dos crentes, é sinal de que ela caminha segundo os ensinamentos de Cristo. O sangue dos mártires – recordam os Padres da Igreja – é semente de novos cristãos. O diabo sempre ataca com a falsidade; por isso não devemos temer a verdade, porque ela nos liberta. A vitória de Cristo sobre a morte acontece na cruz.

Onde a Igreja encontra sua força? Certamente, não no poder militar, político ou econômico, mas na proteção de Deus. No fim dos dias festivos, na oração das Completas, rezamos este salmo, e a mãe Igreja nos convida a rezá-lo também todos os dias.

Releia o salmo.

Meditar o salmo

No nosso percurso humano, em meio a todos os perigos elencados no salmo (ataques dos inimigos da fé, presença do demônio, que deseja nos afastar de Deus, solidão etc.), devemos sempre aprender a nos refugiar no Senhor, pois, sob a sua "sombra", nos sentimos felizes e seguros. Contra quais perigos advertimos em nossa vida de fé?

Questionário

- Como você se sente quando ouve falar mal da Igreja?
- Você sabe combater e responder aos ataques? Ou permanece em silêncio, ou, pior ainda, une-se às críticas?
- Você reconhece os perigos em sua vida de fé? Sente-se seguro do que diz e professa em sua evangelização?

Minha oração

Senhor, muitas vezes me encontro imerso em tantos perigos que assaltam minha vida de fé. Vejo muitos ataques contra a Igreja nos jornais, nos meios de comunicação social, e isso me perturba; procuro reagir com palavras e ações. Vivo num mundo que caminha sempre mais para um ateísmo prático. Dói-me o coração ao ver a Igreja sempre mais vazia de jovens. Sofro ao ver os prófugos, os imigrantes, as crianças abandonadas, as mães sozinhas, os idosos, sem quem os ajude e fechados na solidão. Entristeço-me quando vejo que muitos desejam a morte; antes, queremos fazer leis para dar-lhes uma morte decente, que eu chamo simplesmente de indecente, porque são homicídios que se fazem em nome da lei. Perdoa-nos, Senhor, se não confiamos mais em ti! Que este salmo seja a nossa força, para não nos deixarmos vencer pelo desencorajamento. Obrigado, Senhor, porque, não obstante as minhas quedas, te preocupas comigo e vens em meu auxílio. Amém.

Faça sua oração.

Colocar em prática

Manifeste, com atos concretos, que Deus nos protege. Dê testemunho da gratuidade de Deus. Ajude alguém sem interesse, por puro amor. Busque quem, verdadeiramente, tem necessidade do seu auxílio e dê-lhe o seu tempo com alegria.

Salmo 95(94)
Abre teu coração à oração!

Na Igreja cristã, todos os dias antes de iniciar a oração das laudes matutinas, reza-se este salmo, com entusiasmo (Invitatório), para louvar o Senhor, para despertar-nos do sono e retomarmos nosso dia. Talvez aconteça de o salmo mais rezado se tornar o salmo menos conhecido, pois a monotonia é terrível também na oração. Portanto, não podemos rezar por força do hábito, perdendo a oportunidade de nos aprofundarmos e meditarmos.

O salmista começa com um convite à oração: "Vinde, cantemos com alegria ao Senhor, [...] o aclamemos com hinos de louvor! [...] Vamos inclinar-nos e prostrar-nos. [...] Não endureçais o coração..." Procuremos, então, entrar profundamente no salmo.

Santa Teresa d'Ávila nos diz que, para tornar nossa oração verdadeira, devemos sempre pensar em três coisas: "O que se diz, a quem se diz e como se diz". Sem estas condições, a oração se torna uma voz que não chega a Deus e não dá frutos nem para nós nem para ninguém.

Exortação ao louvor de Deus

¹ Vinde, cantemos com alegria ao Senhor, aclamemos a Rocha que nos salva!

² Vamos à sua presença com ação de graças, aclamá-lo com hinos de louvor!

³ O Senhor é um grande Deus, um grande rei acima de todos os deuses.

⁴ Ele tem nas mãos as profundezas da terra; são seus os cumes dos montes.

⁵ Dele é o mar – porque ele o fez – e a terra firme, que suas mãos modelaram.

⁶ Vinde! Vamos inclinar-nos e prostrar-nos, de joelhos diante do Senhor que nos fez!

⁷ Porque ele é nosso Deus, e nós somos o povo que ele apascenta, o rebanho de sua propriedade. Hoje não deixeis de escutar sua voz:

⁸ "Não endureçais o coração como em Meriba, como no dia de Massa, no deserto,

⁹ onde vossos pais me desafiaram e me puseram à prova, embora tivessem visto minhas obras!

¹⁰ Durante quarenta anos aborreci-me com essa geração e disse: 'É um povo de coração extraviado, que não conhece meus caminhos'.

¹¹ Por isso jurei com ira: 'Jamais entrarão no meu repouso!'"

Rezar o salmo com Israel

Este salmo 95, na liturgia do Templo de Jerusalém, era entoado pelos sacerdotes, quando convidavam o povo à oração, e cantado por este, que respondia com uma fórmula do tipo: "Sim, o Senhor é grande, vinde, adoremo-lo!", ou outra semelhante. Na liturgia cristã, ele é cantado ainda hoje por ocasião das festas dos santos ou dos mártires, porém intercalando os seus versículos com uma antífona de resposta. Israel convida todos a prostrar-se diante do Senhor e Deus Único, para adorá-lo. O risco da idolatria, o culto de outras divindades, é sempre atual, tanto ontem como hoje. Talvez mudem os ídolos, mas não a malícia do coração humano.

Este salmo tem uma força atual, especialmente quando diz: "Não endureçais o coração como em Meriba, como no dia de Massa, no deserto, onde vossos pais me desafiaram e me puseram à prova". A dureza do coração nos impede de ouvir a Deus e de nos sensibilizarmos com os sofrimentos e a alegria dos outros, bem como nos fecha em nós mesmos e nos faz perder o sentido de adoração do verdadeiro Deus. É o perigo constante do "bezerro de ouro", que, não por acaso, é também o símbolo dos bancos, onde o dinheiro é mais importante que a vida e a dignidade humana.

Rezar o salmo com Jesus

Jesus quer fazer a experiência de passar quarenta dias no deserto, onde é tentado pelo demônio todos os dias, para indicar quais são as tentações a que também estamos expostos. Quais são as tentações com que o demônio nos seduz, buscando nos derrubar?

O poder é a primeira, e é verdadeiramente terrível para todos, pois não é fácil vencê-lo; trata-se de um demônio sutil, que se veste de estranhas teorias (serviço, capacidade, humildade), mas que, na realidade, são todas desculpas para se querer ser servido, e não para colocar-se a serviço dos outros. A segunda tentação é a idolatria: buscamos uma religião que nos promova, que nos ofereça um Deus à nossa "medida", que esteja sob nossas "ordens". Jesus também sofreu essa idolatria. A terceira e última tentação é a do prazer (fome ou fama); é um diabo ainda mais perigoso, e Jesus nos ensina como resistir a ele e vencê-lo, isto é, com jejum e "oração". Jesus disse que sua geração era "má", que ia em busca de sinais "miraculosos" ou mágicos que pudessem resolver imediatamente todos os seus problemas.

Também vivemos hoje essa realidade, quando corremos atrás de sinais miraculosos e queremos que Deus resolva todos os problemas da nossa vida, e não que Ele viva conosco os problemas cotidianos com o seu amor.

Rezar o salmo com a Igreja

A Igreja é a esposa de Cristo, pura, santa e imaculada. Já os homens da Igreja ou os fiéis cristãos não são assim, imersos que estamos em muitos trabalhos cotidianos, em tantas necessidades e em buscas espasmódicas de sermos mais importantes, mais ricos e famosos que os outros, esquecendo-nos de adorar ao Deus verdadeiro, única e real riqueza do nosso coração. Temos necessidade de alguém que nos exorte e convide a louvar ao Senhor, chamando-nos à nossa dimensão espiritual. Esse é o ministério mais importante da Igreja: o convite que, no início de cada jornada, chama-nos à nossa responsabilidade. Não se trata de fugir do trabalho, dos empenhos humanos, políticos e comerciais, mas sim, sobretudo, de não fazer das coisas um "ídolo" que nos distraia e endureça nosso coração.

O Apóstolo Paulo, em Hebreus 3–4, faz um belíssimo comentário deste salmo 95. Então, convido você a ler estes capítulos, nos quais somos convidados a prostrar-nos ante a grandeza de Deus, manifestando-lhe a nossa adoração e o nosso amor.

O Ofício Divino, chamado também de "Oração do tempo presente", é a oração que todos os dias se eleva da Igreja, em uníssono, como a voz de todo o povo de Deus, a qual se une à própria voz do Senhor Jesus. Sendo assim, abrindo a oração do Ofício Divino, este salmo nos convida a rezar a todo momento.

Especialmente nos tempos "fortes" da liturgia da Igreja (Advento, Quaresma e Tempo Pascal), devemos rezar mais, meditar mais a Palavra de Deus, para não "adormecermos" na mediocridade. Viver nosso dia na oração contínua e na vigilância constante é a nossa luta para não cairmos na tentação do poder, da idolatria e do prazer, as três grandes tentações às quais estamos constantemente sujeitos.

Releia o salmo.

Meditar o salmo

O salmista convida a contemplar a grandeza de Deus criador: é nele que todas as coisas assumem uma voz de louvor; nele, aprendemos a cuidar da criação. Você já leu com atenção a encíclica *Laudato si'*, do Papa Francisco, onde a criação é chamada de "casa comum"?

Devemos meditar sobre a melhor maneira de cuidarmos da criação, do nosso pequeno mundo, do nosso espaço, nosso jardim; de protegermos nossas plantas, nossas fontes de água... Todos temos, em alguma parte, uma "pequena Amazônia" a cultivar e a manter cuidadosamente.

Questionário

- O que você pode fazer para ajudar a criação a ser mais respeitada?
- Pessoalmente, como você age em sua casa e na sua vida?
- Como podemos reconhecer a beleza que Deus confiou a cada um de nós?

MINHA ORAÇÃO

Senhor, procuro-te de todo coração, suplico-te e peço teu auxílio nos momentos difíceis de minha vida. Muitas vezes me sinto como que adormecido pela fé e indolente na certeza do teu amor. Vejo-me tentado de idolatria, poder e busca de prazer, e de ser o centro das atenções e cercado de fama. Desperta-me, Senhor, do sono! Não permita que, no deserto da vida, eu busque consolações humanas, superstições e falsos milagres. Que eu possa entrar glorioso no Templo para louvar-te e prostrar-me diante de ti, reconhecendo meu pecado e minha fragilidade. Dá-me a alegria de anunciar-te com a palavra e com a vida. Em ti, Senhor, ponho a minha esperança e meu futuro. Fixo o meu olhar nos profetas antigos, mais especialmente na Virgem Maria e em São José, que considero os dois profetas que fecham a antiga aliança e abrem a nova vida na história da humanidade.

Faça sua oração.

Colocar em prática

Empenhe-se em gestos concretos para respeitar a natureza, para não inquinar a água e para não deixar que a sujeira prejudique a beleza da criação.

Salmo 100(99)
Louvai a Deus, Ele é fiel!

Este é um dos salmos mais breves, porém um dos mais fortes em seu conteúdo: alerta a cada um de nós sobre a necessidade de erguer os olhos para o céu e agradecer a Deus por tudo o que Ele nos dá. Devemos aprender a parar nossa vida frenética e a reencontrar o sentido do agradecimento, do louvor e da adoração.

A Palavra de Deus é honesta e realiza o que diz: não volta ao céu senão após ter-se feito "carne" em nossa vida. Quanto a nós, no entanto, é necessário abandonarmos o egoísmo e empenhar-nos em realizar tudo o que dissermos. Atualmente, acreditamos mais nas assinaturas, nos carimbos, nos papéis cadastrados, mesmo que às vezes sejam falsos, do que nas palavras pronunciadas. Devemos voltar a dar credibilidade à pessoa humana, e não tanto a papéis com assinatura e contra-assinatura. No tempo de Abraão, quando não existia papel nem assinatura, o que contava era o "fio de barba", ou seja, o valor da palavra dada, garantindo o contrato entre as pessoas.

Este salmo que rezaremos juntos é de uma beleza extraordinária: o amor de Deus é terno e eterno, e sua fidelidade é para sempre. Deus jamais desdisse ou contradisse o que falou. "Disse e fez"; nós, porém, dizemos e muitas vezes não fazemos.

Hino de ingresso no Templo

¹ Salmo para ação de graças.
² Aclamai o Senhor, terra inteira!
Servi ao Senhor com alegria, entrai com júbilo em sua presença!
³ Sabei que o Senhor é Deus! Ele nos criou e somos seus: seu povo, as ovelhas de suas pastagens.
⁴ Entrai pelos portais com ação de graças, e pelos átrios, com hinos de louvor!
Dai-lhe graças, bendizei seu nome!
⁵ Porque o Senhor é bom: seu amor é para sempre, e sua fidelidade, de geração em geração.

Rezar o salmo com Israel

Este é o salmo da aliança. A aliança é um juramento, uma espécie de compromisso, de reciprocidade. Assim como a que Deus estabeleceu conosco, e com qual nos comprometemos com Ele. Esse voto é renovado em certos momentos da vida, como em uma vitória, no início do ano, no momento de oferecer um sacrifício. Sempre sentimos a necessidade de recordar a Deus a promessa que Ele nos fez, e Deus recorda-nos a promessa que fizemos a Ele. Deus é sempre fiel à sua palavra; nós, porém, muitas vezes, somos infiéis ao que prometemos.

Renovar a aliança é uma necessidade de amor. A aliança de Deus não é só um compromisso com seu povo predileto, Israel, mas com todos os povos. A fé nos diz que Deus não é só o Deus do povo eleito, mas de todos os povos; por isso, todos são convocados para louvar e bendizer o Senhor. Não encontramos essa universalidade em outras religiões, que são verdadeiramente exclusivas a um único povo ou etnia. Para os cristãos, porém, o sinal dessa aliança plena e eterna é Jesus. Renovemos, portanto, a nossa aliança, pois o amor de Deus é eterno.

Rezar o salmo com Jesus

Os Padres da Igreja insistem em nos recordar que, atrás de cada salmo, há sempre o justo e santo Jesus orando, e que somos a sua voz, quando assumimos a sua pessoa e suas palavras, as quais, como sementes, são lançadas no terreno fértil do nosso coração. Jesus orou, com certeza, este salmo; talvez não assim como o conhecemos, mas com seus sentimentos, mesmo no final de um dia de pregação, à noite, cansado, antes de adormecer sob as estrelas, pois não havia um travesseiro onde apoiar a cabeça.

Jesus é a bênção do Pai, a nova aliança, selada com seu sangue derramado na cruz para nossa salvação, e a de todos os homens. Hoje se discute a palavra de Jesus na última ceia, se Ele disse que deu a sua vida para "todos" ou por "muitos". De minha parte, sinto uma aversão espiritual ao ouvir que Jesus morreu por "muitos" e não por "todos". Creio que a sua morte é salvação para todos aqueles que o aceitam e também para os que não o aceitam. O nosso "sim", muitas vezes, é implícito, manifestando-se ao fazermos boas obras e ao vivemos honestamente. Só nos salvaremos se estivermos unidos no amor e na alegria de ter um Deus que nos ama.

Rezemos com a Igreja

Podemos intitular este salmo 100 como: "A alegria de quem entra no Templo do Senhor". Ele é litúrgico, um salmo de convocação, do qual ninguém pode ficar de fora, ausente da alegria de estarmos juntos na oração. Pensemos nos peregrinos que vinham de longe só para rezar no Templo, casa e morada de Deus.

Deus sempre nos visita com seus profetas, com sua palavra, mas é bom também que todos visitem o Senhor em sua casa, para orar e oferecer sacrifícios, não importa que sejam grandes ou pequenos. Jesus ama a oferta da pobre viúva, assim como Deus ama o sacrifício de um par de pombas, oferta dos pobres que São José e a Virgem Maria ofereceram no Templo.

Neste salmo, sentimos a alegria da celebração eucarística, da celebração dos sacramentos que exprimem e cantam a alegria dos corações que buscam o Senhor vivo. É na grandeza de Deus que encontramos a nossa dignidade humana e espiritual. Sirvamos o Senhor com alegria, porque Deus abençoa os que dão com alegria. Gratuitamente recebemos e gratuitamente devemos dar. A oferta mais bela que Deus espera de nós é o nosso amor, o dom da nossa vida que se torna uma hóstia sobre o altar, pronta para ser consagrada e transformada no corpo e sangue de Cristo. Todos somos sacerdotes, profetas e reis, e devemos exercitar esse nosso ministério segundo a nossa incorporação no Cristo Senhor. Celebremos nossa Eucaristia no altar da vida, no trabalho, na Igreja, na família.

Releia o salmo.

Meditar o salmo

Quais são os motivos em sua vida pelos quais agradece ao Senhor? Abra o seu coração a fim de agradecer também pelos outros, especialmente pelos que são fechados em si mesmos, em seu egoísmo, e não sabem mais agradecer, mas só querem ser agraciados. Medite a beleza do universo e agradeça por tudo. Você pode ler o texto de ação de graças do cântico de Daniel 3, rezado na Igreja, nas laudes matutinas da *Liturgia das Horas*, no primeiro domingo do mês e nas festas e solenidades.

Questionário

• Na sua opinião, por que perdemos a alegria de agradecer? De pedir perdão? De pedir, simplesmente, "por favor"?
• Como ajudar as pessoas próximas a você no caminho da fé?

Minha oração

Louvo-te, Senhor, por teu amor. Perdoa-me se esqueço de te agradecer por todos os benefícios que recebo. Dá-me olhos para ver sempre o bem naqueles que estão próximos ou distantes. Não permitas que eu julgue pela aparência, mas dá-me olhos do coração, que veem sempre o bem e esquecem o mal. Dá-me, Senhor, a alegria de bendizer-te pela saúde e pela doença, pela riqueza e pela pobreza; e que eu possa agradecer-te também pela morte que avança sobre mim e da qual não posso fugir, se desejo ver a tua face. Louvo pela tua Igreja pobre, pecadora e, muitas vezes, suja pelo pecado do mundanismo; então, dá-me coragem de não renegá-la nem defendê-la quando erra, mas de saber julgar a verdade com justiça. Bendigo-te pelo Carmelo espalhado no mundo, pelos seus santos, e peço-te que dês a todos os seus filhos e filhas a alegria da oração e o silêncio fecundo que ama e suporta na fé, sabendo repetir com Santa Teresa d'Ávila que "só Deus basta", e, com São João da Cruz, que, "onde não há amor, coloca amor e encontrarás amor". Com todos os santos e santas do Carmelo, queiramos morrer doando nossa vida pela Igreja e por toda a humanidade. Louvo-te e bendigo pela Virgem Maria, nossa mãe, que não se envergonha de nós, mas nos apresenta ao seu Filho e nosso Salvador, Jesus.

Faça sua oração.

Colocar em prática

Recite o Creio para reafirmar a sua fé. Dê, se for possível, um Evangelho aos seus amigos, especialmente se professam outra fé, e aceite com alegria se eles lhe derem textos de sua fé.

Salmo 110(109)
Triunfo do Messias, Rei Sacerdote

Este é um salmo "real", que narra a consagração do rei em uma cerimônia de entronização que normalmente havia no Templo, em que ele era ungido com óleo perfumado, como sinal da descida do Espírito de Deus, consagrando-o como aquele que, em nome de Deus, devia guiar o povo à prosperidade material, nas batalhas contra os inimigos, e também defender a supremacia de Deus sobre todos os outros ídolos.

Outra obrigação do rei consistia em jamais fazer aliança com reis idólatras, procurando sempre expandir o poder de Deus. E, como cabia aos profetas denunciar tais alianças, eles eram sinal de contradição, sendo amados e temidos ao mesmo tempo. Então, os profetas de todos os tempos são a voz que grita no deserto e defende os pobres e a reta justiça.

Coroação do rei

[1] Salmo de Davi. Oráculo do Senhor ao meu Senhor:
"Assenta-te à minha direita, até que ponha teus inimigos como apoio de teus pés!"

[2] O Senhor estenderá, de Sião, o cetro de teu poder: exerce, pois, o domínio em meio aos inimigos!

[3] Voluntariamente teu povo se alistará no dia do recrutamento do teu exército; ante o esplendor da Santidade, estarão contigo tantos jovens como o orvalho ao romper da aurora.

[4] O Senhor jurou, e não se arrependerá:
"Tu és sacerdote para sempre, como Melquisedec".

[5] O Senhor estará à tua direita: ele, no dia da ira, esmagará os reis,
[6] punirá as nações e amontoará cadáveres, esmagando cabeças por um vasto território.

[7] Pelo caminho, beberá da torrente; por isso, bem alto, erguerá a cabeça.

Rezar o salmo com Israel

A presença do rei em Israel, mesmo de breve duração, foi sempre importante, porque a monarquia israelita representava a presença do Deus único, Rei do universo. Deus, por meio de seus profetas, elogiava e encorajava os reis quando defendiam o Deus vivo e único, e condenava os reis (ou os juízes governadores, antes deles) quando se contaminavam com a idolatria.

Quando a monarquia de Israel se enfraqueceu, este salmo lentamente foi perdendo importância, porque não haveria mais a cerimônia de entronização do rei. Todavia, ele continuou valorizado pela referência à unção do futuro Rei-Messias, que restauraria o reino de Israel, condenando e vencendo todos os inimigos.

A visão política deste salmo 110 é lentamente orientada para a expectativa messiânica. O título mais ambicionado por todos os reis dos povos orientais – na Pérsia, pelos faraós no Egito, pelos soberanos na Babilônia e Assíria – era "Filho de Deus", um título que colocava o rei em uma posição especial e lhe consentia um respeito idolátrico. Para ele, construíam-se templos especiais e se dedicava uma autêntica liturgia de adoração.

Há quem diga que este salmo seja um dos mais interessantes do Saltério, como também um dos mais difíceis de interpretar. Nós, cristãos, o rezamos pensando em Jesus, Rei do universo, deixando aos biblistas a dificuldade de interpretação.

Rezar o salmo com Jesus

Este salmo-oração encontrou um acolhimento especial no Novo Testamento. Leiamos com atenção Mateus 22,41-45:

> Reunidos os fariseus, perguntou-lhes Jesus: "O que pensais do Cristo? De quem é filho?" Responderam-lhe eles: "De Davi". Replicou-lhes Jesus: "Como então Davi, pelo Espírito, o chama Senhor, quando fala: *Disse o Senhor a meu Senhor: Assenta-te à minha direita, até que ponha teus inimigos como apoio de teus pés* [Sl 110]? Se Davi, pois, o chama de Senhor, como pode ser seu filho?" E ninguém podia responder-lhe nada. E, desde então, ninguém ousou perguntar-lhe coisa alguma".

Não é difícil ver o uso dos salmos nos autores do Novo Testamento: eles os usam para cantar a divindade e a humanidade do Filho de Deus.

Neste salmo, alguns atributos e títulos de Jesus são encontrados nas palavras do salmista; seguramente, ele não poderia imaginar que seriam aplicadas a Jesus; talvez nem o próprio Jesus tivesse pensado nisso. Mas, após a sua vinda, após o mistério pascal, este salmo passou a ser lido pelos cristãos em perspectiva messiânica, e tudo se iluminou: Jesus é o Filho de Deus, sentado à direita do Pai, que julga todos os povos, que coloca sob seus pés todos os inimigos, especialmente o inimigo número um do gênero humano: a *morte*.

Jesus é o Rei, aquele que vence todas as resistências; é o Sumo Sacerdote, que vem salvar toda a humanidade. Parece-me belo terminar esta reflexão com uma citação do Evangelho, um pouco longa, mas bela:

> Quando o Filho do homem vier em sua glória com todos os seus anjos, então se assentará no seu trono glorioso. Todas as nações se reunirão em sua presença, e ele vai separar uns dos outros, como o pastor separa as ovelhas dos cabritos. As ovelhas, colocará à direita, e os cabritos, à esquerda. E dirá o rei aos que estão à direita: "Vinde, abençoados de meu Pai, tomai posse do reino preparado para vós desde a criação do mundo. Porque tive fome e me destes de comer, tive sede e me destes de beber, fui peregrino e me acolhestes, estive nu e me vestistes, enfermo e me visitastes, estive preso e viestes ver-me". E responderão os justos: "Senhor, quando foi que te vimos com fome e te alimentamos, com sede e te demos de beber? Quando foi que te vimos peregrino e te acolhemos, nu e te vestimos? Quando foi que te vimos enfermo ou na cadeia e te fomos visitar?" E o rei dirá: "Em verdade vos digo, todas as vezes que fizestes a um destes meus irmãos menores, a mim o fizestes". Depois dirá aos da esquerda: "Afastai-vos de mim, amaldiçoados, para o fogo eterno, preparado para o diabo e seus anjos. Porque tive fome e não me destes de comer, tive sede e não me destes de beber, fui peregrino e não me destes abrigo; estive nu e não me vestistes, enfermo e na cadeia e não me visitastes". E eles responderão, dizendo: "Senhor, quando foi que te vimos faminto ou sedento, peregrino ou enfermo, ou na cadeia, e não te servimos?" E ele lhes responderá dizendo: "Em verdade vos digo: quando deixastes de fazer a um desses pequeninos, foi a mim que não fizestes". E estes irão para o sofrimento eterno, enquanto os justos, para a vida eterna (Mt 25,31-46).

Só com Jesus venceremos a fome e todo o mal, e abriremos o coração e os braços a todos.

Rezar o salmo com a Igreja

Sempre tive curiosidade de conhecer mais sobre o misterioso sacerdote Melquisedec, que a Bíblia define como "sem pai". O comentário mais belo a respeito do versículo 4 deste salmo está no capítulo 7 da Carta aos Hebreus. Peço desculpas se o transcrevo, convidando todos os meus cinco leitores a fazer uma leitura atenta dele. Prometo não prolongar muito o restante da reflexão sobre este salmo, rezado pela Igreja nas vésperas de todos os primeiros domingos e nas festas e solenidades. Eis o texto:

> Este *Melquisedec, rei de Salém, sacerdote do Deus Altíssimo, saiu ao encontro de Abraão, que regressava da derrota dos reis, e o abençoou*. Foi a ele que *Abraão ofereceu o dízimo de todos os seus despojos*; ele, conforme indica seu nome, primeiro foi "rei da justiça" e, depois, *rei de Salém*, isto é, "rei de paz". Sem pai, sem mãe, sem genealogia, seus dias não têm começo, sua vida não tem fim. Assemelhando-se assim ao Filho de Deus, permanece sacerdote para sempre. Considerai, pois, a grandeza daquele dízimo de seus espólios mais ricos. Os filhos de Levi, revestidos do sacerdócio, na qualidade de filhos de Abraão, têm por missão receber o dízimo legal do povo, isto é, de seus irmãos. Naquele caso, porém, foi um estrangeiro que recebeu os dízimos de Abraão e abençoou o detentor das promessas. Ora, é indiscutível: é o inferior que recebe a bênção do superior. Além do mais, aqui os levitas, que recebem o dízimo, são homens mortais. Lá, porém, trata-se de alguém que atesta que vive. Por fim também Levi, que recebe os dízimos, pagou o dízimo, por assim dizer, na pessoa de Abraão. Pois ele já estava em germe no íntimo de Abraão, quando aconteceu o encontro com Melquisedec.

Se a consumação tivesse sido realizada pelo sacerdócio levítico (pois sob ele o povo recebeu a Lei), que necessidade havia ainda de outro sacerdote segundo a ordem de Melquisedec e não segundo a ordem de Abraão? Porque, transferido o sacerdócio, forçoso é que se faça também a mudança da Lei. Pois bem: aquele a quem se aplicam estas palavras é de outra tribo, da qual ninguém se consagrou ao serviço do altar. É notório, portanto, que Nosso Senhor nasceu de Judá, de cuja tribo Moisés nada disse a respeito do sacerdócio. Isso se torna ainda mais evidente quando, à semelhança de Melquisedec, levanta-se outro sacerdote, instituído não segundo a norma de uma lei que se baseia na carne, mas segundo a força de vida indestrutível. Pois dele se dá este testemunho: "Tu és sacerdote para sempre, segundo a ordem de Melquisedec".

Com isso está abolida a antiga legislação, devido a sua ineficácia e inutilidade. Pois a Lei nada consumou, sendo mera introdução a uma esperança melhor, pela qual nos aproximamos de Deus. E não foi feito sem juramento. Aqueles foram constituídos sacerdotes sem juramento, mas este, com o juramento daquele que lhe disse: "O Senhor jurou e não se arrependerá: tu és sacerdote para sempre".

Em consequência, Jesus se fez garantia de um testamento superior. Além disso, os primeiros sacerdotes foram feitos em grande número, porquanto a morte não permitia que permanecessem para sempre. Enquanto Jesus, porque vive para sempre, tem um sacerdócio eterno. É por isso que lhe é possível levar a termo a salvação daqueles que por Ele vão até Deus. Ele vive sempre para interceder a nosso favor.

Assim é o Sumo Sacerdote que nos convinha: santo, inocente, sem mácula, separado dos pecadores e mais alto do que os céus. Pois não necessita, como os sumos sacerdotes, oferecer, cada dia, vítimas: primeiro, pelos próprios pecados; depois, pelos pecados do povo. Ele o fez uma única vez, oferecendo-se a si mesmo. "A Lei, com efeito, constituiu sumos sacerdotes a homens sujeitos à fraqueza, mas a palavra do juramento, que sucedeu à Lei, constituiu o Filho eternamente perfeito" (Hb 7,28).

Releia o salmo.

Meditar o salmo

Permaneça algum tempo em silêncio, contemplando Jesus como verdadeiro Rei, Sacerdote e Profeta.

Questionário

- O que este salmo lhe diz em um mundo como o nosso, que busca continuamente novos ídolos, como o dinheiro, o poder, o prazer?
- Como rebater essa idolatria que seduz e nos torna sempre mais vazios e vulneráveis aos ataques do demônio?

MINHA ORAÇÃO

Senhor, reaviva em mim a fé e o amor no meu sacerdócio comum de sacerdote, rei e profeta, e no meu sacerdócio ministerial. Reaviva em todos os sacerdotes o amor pela Eucaristia, para que possam oferecer sempre a hóstia santa e imaculada, que não é só pão e vinho, mas toda a humanidade. Que os teus sacerdotes e todos os cristãos não ajam só por interesse, mas só por amor! Que dispensem graças e bênçãos, na alegria de ser intermediários do teu povo.

> Faça sua oração.

Colocar em prática

Auxilie, se for possível, um seminarista pobre e reze muito pela santificação dos sacerdotes. Permaneça sempre próximo ao seu pároco. Dizem que o Santo Cura d'Ars (João Maria Vianney) gostava de repetir: "Sacerdote santo, povo ótimo; sacerdote ótimo, povo bom; sacerdote bom, povo medíocre; sacerdote medíocre, povo péssimo". O povo é o espelho dos seus sacerdotes.

Reze também para Santa Teresa do Menino Jesus: ela amava e rezava tanto pelos sacerdotes que foi proclamada, pela Igreja, padroeira de todos os sacerdotes.

Salmo 116(114-115)
Ação de graças após perigo mortal

Este é um salmo litúrgico, cantado na noite pascal, na quinta-feira santa. Trata-se de uma oração que Jesus tomou para si e que a Igreja canta em muitas circunstâncias e em ação de graças.

Segundo o salmista, somos sempre devedores diante de Deus: não temos nada a oferecer. São João da Cruz, na oração da alma enamorada, convida-nos, exatamente porque não temos nada a oferecer ao Senhor, a ofertar nossos pecados, isto é, aquilo que é verdadeiramente nosso. Não deixá-los escondidos, mas oferecê-los a Ele, significa ser curado.

Ação de graças pela salvação

¹ Amo o Senhor, porque ele escuta minha voz suplicante.

² Porque me presta ouvido, em meus dias o invocarei.

³ Envolviam-me os laços da morte e as angústias do abismo; experimentei tristeza e aflições.

⁴ Invoquei o nome do Senhor: Ah! Senhor, salva minha alma!

⁵ O Senhor é benigno e justo, nosso Deus é compassivo.

⁶ O Senhor vela sobre a gente simples; eu era fraco, e ele me salvou.

⁷ Volta, minha alma, à serenidade, porque o Senhor foi bom para contigo.

⁸ Livraste da morte minha alma, das lágrimas, meus olhos; e meus pés, da queda.

⁹ Caminharei na presença do Senhor, na região dos viventes.

¹⁰ (115,1) Eu permanecia confiante, mesmo quando dizia: "Sou muito infeliz".

¹¹ (115,2) Perplexo, eu dizia: "Todos os homens são mentirosos".

¹² (115,3) Como pagarei ao Senhor todo bem que me fez?

¹³ (115,4) Elevarei o cálice da salvação e invocarei o nome do Senhor.

¹⁴ (115,5) Cumprirei meus votos diante do Senhor na presença de todo o povo.

¹⁵ (115,6) É dolorosa aos olhos do Senhor a morte de seus fiéis.

¹⁶ (115,7) Porque sou teu servo, Senhor – teu servo, filho de tua serva –, rompeste meus grilhões.

¹⁷ (115,8) Oferecer-te-ei um sacrifício de ação de graças, invocando o nome do Senhor.

¹⁸ (115,9) Cumprirei meus votos diante do Senhor na presença de todo o povo,

¹⁹ (115,10) nos átrios da casa do Senhor, em teu centro, Jerusalém. Aleluia!

Rezar o salmo com Israel

Para compreender a beleza deste salmo, é necessário conhecer um pouco o ritual da Páscoa hebraica. A festa era, e ainda é, celebrada com grande solenidade pelas famílias hebraicas. Sobre a mesa ricamente preparada, diante do dono da casa, colocavam-se três pães ázimos (não fermentados) para recordar a pressa com que os hebreus fugiram da escravidão do faraó egípcio, não tendo tempo de esperar a massa levedar. Eram depois colocadas ervas amargas nos pratos, para recordar a dureza, o pranto e a amargura da falta de liberdade. Em seguida, servia-se um pedaço de cordeiro (atualmente substituído por ave) e, para todos, um copo de vinho, que cada um bebia em quatro vezes, para recordar a alegria da libertação. Durante essa refeição especial, o filho mais novo perguntava ao pai: "Por que fazemos isto?", o que servia de ocasião ao ancião para iniciar a narração da Páscoa da libertação. Ao final da refeição, cantavam-se os salmos 112 a 117, com seus gritos de "Aleluia" (*Hallel*).

Neste salmo 116 se celebra a vitória de Deus, que havia derrotado o exército egípcio, sendo motivo de festa e alegria. A recordação da Páscoa é "memorial" para todos aqueles que são libertados do sofrimento e da opressão. A escravidão sempre está presente na vida e no coração da humanidade, de formas diversas.

Rezar o salmo com Jesus

Jesus se configurou no sofrimento não só do seu povo, mas de toda a humanidade sofredora sob o peso do pecado, da injustiça e do mal. Conquistou o coração do Pai com a oferta de si mesmo, como Cordeiro sem mancha. Celebrou a Páscoa com seus discípulos na noite da traição e na noite luminosa da nova aliança, selada sobre o Calvário com o seu sangue. Na noite memorável, na criatividade do amor, deu-nos seu corpo e sangue. Tomou os pães ázimos, chamados também "pães da miséria", abençoou-os, tomou o cálice da salvação, bebeu do cálice e cantou os salmos com o grito de "Aleluia".

Jesus, sem dúvida, conhecia e rezava este salmo 116, e talvez o tenha cantado não só na ceia pascal, como também em outras circunstâncias de alegria. Ele ergueu o cálice da salvação e o bebeu até o fim. "E tendo amado os seus que estavam no mundo, amou-os até o fim" (Jo 13,1).

Jesus tomou o cálice e o deu aos seus discípulos: meditemos as palavras com as quais o evangelista Mateus nos transmite esse gesto de Jesus: "Em seguida, tomando um cálice e, depois de dar graças, deu-lhes, dizendo: 'Bebei dele todos, pois isto é o meu sangue, o sangue da Aliança, derramado por muitos para o perdão dos pecados. Digo-vos que já não beberei deste fruto da videira até o dia em que o beberei de novo convosco no reino de meu Pai'" (Mt 26,27-29).

Rezar o salmo com a Igreja

A Igreja relembra este belíssimo salmo, especialmente, nos três dias da Semana Santa, quinta, sexta e sábado santos, em que recordamos a memória plena de Jesus, que se doa pela nossa salvação. É do pão e do cálice dado por Jesus – e transformado pela força do Espírito Santo no seu corpo e sangue – que a Igreja haure a força de sua profecia, para doar-se a serviço dos irmãos e irmãs. É belo refletir como a Igreja bebe todos os dias do cálice da salvação e come o pão da bênção em todas as celebrações eucarísticas.

Mas qual é o cálice do qual devemos beber continuamente? Do cálice da Paixão do Senhor Jesus, no qual Ele derrama todo o seu sangue por nós. Não caminhamos sozinhos na via da salvação; somos uma comunidade a caminho, que reza e se alimenta com o pão da Palavra e da Eucaristia. Reconhecemo-nos seguidores de Jesus, de modo especial, quando também reconhecemos sua presença no partir o pão, como fez na ceia com os discípulos de Emaús, que identificaram o misterioso peregrino com esse gesto de amor.

Rezemos este salmo com a Igreja e o meditemos todas as vezes que nos sentirmos sozinhos. O Senhor nos ajudará a erguer o nosso cálice transbordante de alegria e de dor.

Releia o salmo.

Meditar o salmo

Pare um pouco. Entre no santuário do seu coração, não de pedra, mas de carne; entre também no santuário do coração de toda a humanidade para compreender suas alegrias, dores, solidão e angústias. Devemos sempre erguer o nosso cálice de gratidão e amor. Somos devedores diante de Deus pelo imenso dom de seu Filho Jesus, que nos deu o seu sangue. Medite como nossa vida é uma Páscoa permanente com sua Paixão e morte, e com a luz da ressurreição.

Questionário

• Sentimo-nos, também, parte "unida" à carne de Cristo, na qual Ele realiza em nós a sua Paixão, morte e ressurreição?
• Quais são os cálices de amargura e de alegria que hoje a humanidade deve erguer e beber?
• Como você vive em sua vida o sofrimento? Com rebelião, fuga, ou com aceitação?

MINHA ORAÇÃO

Amo-te, Senhor, e te agradeço por tudo que acontece em minha vida. Há momentos difíceis: caminho sob o peso da escravidão dos meus pecados, o orgulho queima como fogo dentro de mim, a sede de poder me oprime, o mal me circunda. Necessito do teu auxílio para erguer, também no sofrimento, o canto de aleluia e de ação de graças. Vem, Senhor, em meu auxílio! Que minha revolta contra o mal e a opressão dos poderosos se torne solidariedade para com os fracos que pedem ajuda. Louvo-te, Senhor, e agradeço teu amor. Não faças pesar sobre mim os meus pecados, mas perdoa-me e perdoa-nos porque nos afastamos de ti e adoramos falsos ídolos da riqueza, do poder e do prazer.

Faça sua oração.

Colocar em prática

No final da tarde, celebre sempre a sua "páscoa", recordando os benefícios recebidos do Senhor, e ofereça também os fracassos como graça pela sua conversão.

Salmo 117(116)
Povos todos, louvai o Senhor!

Este é um salmo *mignon*, pois se trata do mais breve de todos, mas não o menos importante. Assim, na Bíblia, o que é pequeno tem sempre grande importância aos olhos de Deus. Pensemos na pequena cidade de Belém, ou no povo de Israel, o último entre os menores, mas amado por Deus. Pensemos nos últimos da sociedade, nos pequenos, desprezados pelos homens e escolhidos pelo Senhor.

Neste salmo, encontramos um perfeito esquema de oração e de louvor, que nasce do coração de todos os fiéis e que abraça todos os povos. Escolhi-o porque, em sua brevidade, abre-nos uma porta para introduzir-nos à oração de louvor e de ação de graças. Ninguém deve ser excluído do amor infinito de Deus.

Louvor universal a Deus

¹ Nações todas, louvai o Senhor, povos todos, glorificai-o!
² Pois seu amor para conosco é poderoso, e a fidelidade do Senhor é eterna! Aleluia!

Rezar o salmo com Israel

Com este salmo – oração pessoal de louvor e, ao mesmo tempo, litúrgica –, no qual o sacerdote convida todos a louvar ao Senhor com alegria, sentimo-nos envolvidos por uma nuvem de incenso perfumado de nossa fé, que sobe a Deus. No sangue do povo de Israel escorre a linfa vital de louvor pela beleza da criação. Coloquemos em evidência duas palavras-chave deste salmo: amor e fidelidade. Deus é amor e fidelidade; nós somos amor à medida que nos deixamos amar por Deus, e Deus exige a nossa fidelidade.

A universalidade deste salmo nos faz compreender como o salmista anseia pelo dia em que todos adoraremos e louvaremos ao Senhor. Ele não se conclui definitivamente, pois fica aberto ao canto de louvor, de cada um de nós, ao Senhor.

Rezar o salmo com Jesus

Para mim, não há dúvida, apesar de não ser biblista: Jesus não só conhecia este salmo, mas também seguramente o rezava. Devia ser como um mantra, uma jaculatória, uma das pequenas orações que Ele repetia no coração, na sua caminhada missionária, nos momentos de parada e em outros tantos de sua vida.

Pela sua brevidade, o salmo pode ser memorizado e recitado durante o dia, ou quando permanecermos acordados durante a noite. E, quando o lemos, como não pensar na oração de Jesus no Evangelho de Mateus: "Naquela ocasião, Jesus tomou a palavra e disse: 'Eu te louvo, Pai, Senhor do céu e da terra, porque ocultastes estas coisas aos sábios e entendidos e as revelastes aos pequeninos. Sim, Pai, porque assim foi do teu agrado'" (Mt 11,25-26; Jo 17,1-3); ou na oração "sacerdotal" do Evangelho de João: "Jesus disse estas coisas e depois, levantando os olhos para o céu, acrescentou: 'Pai, é chegada a hora, glorifica teu Filho para que teu Filho glorifique a ti, e para que, pelo poder que lhe conferiste sobre toda criatura, dê a vida eterna a todos aqueles que lhe entregaste. Ora, a vida eterna consiste em que conheçam a ti, único Deus verdadeiro, e a Jesus Cristo que enviaste'" (Jo 17,1-3).

Este salmo abate todos os muros de separação e individualismo, abrindo-nos a porta ao ecumenismo e à fraternidade universal.

Rezar o salmo com a Igreja

A Igreja adota este salmo e o reza a fim de que haja um só rebanho sob um só pastor. Não pode haver divisão entre nós, pois somos um único povo caminhando para a mesma meta. Com a vinda do Espírito Santo, a Igreja abre as portas a todos os povos, reconhecendo em cada um deles os sinais da fraternidade e de um amor paciente e fiel. É um salmo missionário, típico de quem parte para anunciar a fé em Cristo Jesus, que se revela nas palavras e nas obras. É o canto da nova Jerusalém:

> Vi a cidade santa, a nova Jerusalém, que descia do céu, de junto de Deus, ornada como uma esposa que se enfeita para o esposo. Ouvi uma voz forte do trono, que dizia: "Eis a tenda de Deus entre os homens. Ele levantará sua morada entre eles, e eles serão seu povo e o próprio Deus-com-eles será o seu Deus". [...] Não vi nela templo algum. O Senhor Deus Todo-poderoso é seu templo e o Cordeiro. Em seu fulgor caminharão as nações e os reis da terra levarão até ela sua glória. As portas não se fecharão durante o dia, pois não haverá noite, e levarão até ela a glória e a honra das nações. Nela, não entrará coisa alguma impura nem quem cometa abominações e diga mentiras, mas somente os que estão escritos no livro da vida do Cordeiro" (Ap 21,2-3.22-27).

Cada palavra deste salmo é como um frasco de perfume intenso que se espalha por toda a terra, curando todas as feridas produzidas pelas divisões. Em comunhão com todas as religiões, pode-se rezar com este salmo: que ninguém se sinta em desacordo, nem cristãos nem pagãos. Seu conteúdo é, ao mesmo tempo, universal e teológico.

Releia o salmo.

Meditar o salmo

Medite as palavras-chave do salmo: louvai o Senhor... glorificai-o... fidelidade... amor... para sempre, Aleluia. Santa Teresa d'Ávila ficou fortemente impressionada com a palavra "para sempre... para sempre". Assim é o verdadeiro amor: para sempre! Hoje, para muitas pessoas, o amor é um sentimento, um belo momento, um fogo que se extingue pela paixão... O amor verdadeiro é sempre "crucificado", por isto, não tem fim, é eterno.

Questionário

- Que pensamentos este salmo suscita em você?
- De que modo você entra em comunhão com as pessoas que vivem outra fé?
- Na família, na comunidade, na Igreja, como você celebra a festividade do louvor?

MINHA ORAÇÃO

*"Nações todas, louvai o Senhor, povos todos, glorificai-o!
Pois seu amor para conosco é poderoso, e a fidelidade
do Senhor é eterna! Aleluia!"*

Faça sua oração.

Colocar em prática

Memorize este salmo. Que ele seja para você a oração que vai destruir as divisões e abraçar toda a humanidade.

Salmo 119(118)
Elogio à lei divina

Se o salmo 117(116) é o mais breve de todos, este é o mais longo de todo o Saltério. Chamo-o de "salmo do alfabeto de Deus", porque cada verso inicia-se com uma letra do alfabeto hebraico, sucessivamente. Encontra-se aí o elogio mais belo da lei de Deus, apresentado com vários sinônimos, com palavras semelhantes que querem transmitir o mesmo conteúdo. A Palavra de Deus é dinamismo, é um caminho, um preceito, um mandamento; é tudo aquilo de que necessitamos para nos sentirmos seguros em nossa vida.

Trata-se de um salmo pedagógico e profético, não por ser longo, mas pela insistência de que se conheça e se aprofunde a Palavra de Deus para ser verdadeiramente feliz. Abundante de espiritualidade e de mistérios escondidos e só conhecidos pela humildade. Parece-me um baú repleto de tesouros: para vê-los e amá-los, é necessário abri-lo tendo em mãos um molho de chaves... Para encontrar a certa, requer tempo, reflexão, paciência e perseverança. Contudo, quem entra no coração deste salmo, entra no coração das Escrituras e do próprio Deus. A lei do Senhor é suave, doce e misericordiosa para quem pessoalmente faz a experiência de conhecê-la.

Meditação da Lei do Senhor

¹ Felizes os de conduta íntegra, que andam na lei do Senhor!
² Felizes os que observam suas leis e o procuram de todo coração,
³ que não cometem iniquidade, e que andam em seus caminhos!
⁴ Tu promulgas teus preceitos para que sejam guardados com diligência.
⁵ Que se consolidem meus caminhos na observância de tuas prescrições!
⁶ Não ficarei decepcionado ao observar todos os teus mandamentos.
⁷ Eu te darei graças, de coração sincero, ao aprender teus justos decretos.
⁸ Quero observar tuas prescrições: não me abandones jamais!
⁹ Como poderá um jovem manter conduta irrepreensível? Cumprindo tua palavra...

> O salmo segue, e vale a pena lê-lo até o final!

Rezar o salmo com Israel

Para o povo de Israel, este salmo não é só o alfabeto de Deus, mas a gramática da oração e do respeito devido ao Senhor; única e verdadeira lei viva que dá à humanidade seus mandamentos; verdadeira e própria lâmpada que ilumina os passos, indicando a via segura na qual caminhar.

Imagino que fosse rezado em coros alternados, entre os sacerdotes e o povo, na escadaria do Templo de Jerusalém. Há algumas palavras repetidas com muita frequência, relacionadas ao amor do salmista pela lei do Senhor: "Como amo a tua lei, Senhor!" (Sl 119,97.111.113.127.167.174). Trata-se de um amor não tanto pela lei em si mesma, mas pelo seu autor, Deus.

Seguramente é um cântico de quem está enamorado por Deus e busca, continuamente, maneiras de amá-lo. Viver os seus mandamentos significa torná-lo presente em nossa vida. Na observância da lei de Deus, contemplamos a sua face, e, nele, encontramos a nós mesmos.

Rezar o salmo com Jesus

Para os cristãos, a Palavra, a lei de Deus, fez-se carne em Jesus de Nazaré, que veio a nós para nos recordar de que o verdadeiro alimento é fazer a vontade do Pai, viver no Pai: "Eu e o Pai somos um" (Jo 10,30). Em cada página do Evangelho, encontramos a verdadeira lei do Senhor, que indica a autêntica via da felicidade. Jesus rejeita toda fórmula seca, sem vida, sem amor, presente no legalismo de todos os tempos. Chega-se a dizer até mesmo que, acima de tudo, existe a lei... Essa é a maior blasfêmia que se pode dizer. Acima de tudo, há o amor, e só do amor decorre a lei que liberta a mente, os corações e os corpos.

Jesus não aboliu a lei antiga, e sim a aperfeiçoou, purificando-a e dando-lhe sua divina força no amor. Todos os mandamentos de Deus foram sintetizados por Jesus no amor: amar a Deus, ao próximo e a si mesmo. Jesus é amor, caminho verdade e vida. Nele e com Ele, sentimo-nos seguros contra o pecado do legalismo, que tanto endurece os corações. Lei = amor. "Se me amais, guardareis meus mandamentos" (Jo 14,15). Permaneçamos unidos, fiéis, apegados ao mandamento novo: "Dou-vos um novo preceito: que vos ameis uns aos outros. Assim como eu vos amei, amai-vos também uns aos outros" (Jo 13,34).

Rezar o salmo com a Igreja

A Igreja não pode rezar este salmo inteiramente de uma vez, pois, por ser muito longo, acabaria tornando-se monótono e repetitivo. Por isso, é distribuído na *Liturgia das Horas*, sendo saboreado e consumido lentamente, assim como um copo de licor ou vinho.

Cristo é a verdadeira e nova lei: por trás das palavras deste salmo, esconde-se o Verbo eterno feito carne, que habita em nosso meio. O salmo também pode ser igualado a um "Rosário" da lei de Deus, por meio do qual nos sentimos unidos ao Deus da vida. É uma palavra que deve ser consumida, mastigada lentamente, a fim de se assimilar toda sua bondade e beleza. Podemos rezá-lo tornando-nos a voz da humanidade inteira, em busca de vida, alegria, paz.

Releia o salmo.

Meditar o salmo

Quais são os seus sentimentos diante deste salmo? Como vê os mandamentos de Deus? Como uma imposição que escraviza ou como um caminho de libertação? Qual é o mandamento de Deus mais pesado para você? Por quê?

Questionário

- Que valor tem hoje, para você, os mandamentos de Deus?
- Que atitude devemos ter diante das leis que infringem a lei de Deus, como o aborto, a eutanásia, a corrupção etc.?

MINHA ORAÇÃO

Ó Deus Pai, ilumina o meu coração e a minha mente para que eu possa descobrir Jesus, palavra viva, caminho e vida. Procuro somente a tua face, Senhor, que resplandece e se torna presente na face de Jesus e de toda a humanidade. Livra meu coração da observância estéril da lei. Infunde em mim a vida que vem só de ti. Estamos na noite, multiplicam-se leis e preceitos, e abandonamos a única lei do teu amor.

Faça sua oração.

Colocar em prática

Escolha alguns versículos deste salmo como orientação prática de sua vida. Ajude outras pessoas a descobrir a beleza deste salmo, como alfabeto e gramática de Deus, da oração e da fidelidade.

Salmo 121(120)
O Senhor, guarda e protege seu povo

Com o salmo 120(119), abre-se a porta aos chamados "salmos de ascensão", de "subida", isto é, dos peregrinos (120–134 ou 119–133, segundo a numeração da tradução grega e latina). São chamados também de "graduais" ou "degraus", porque eram rezados pelos peregrinos que se encontravam nos degraus diante do Templo de Jerusalém. Sob a porta encontrava-se um sacerdote levita, o qual rezava uma parte do salmo, e todo o povo e o coro respondiam.

São salmos que, às vezes, têm um caráter penitencial e, outras vezes, de súplica, mesmo que sejam alegres. É possível que tenham sido compostos para ser cantados na viagem de retorno a Jerusalém, pelos crentes que voltavam do exílio da Babilônia. Entretanto, nota-se ainda certa nostalgia do Templo e da terra prometida.

Os salmos de ascensão têm como pano de fundo a subida ao Monte Sião, lugar do Templo, ou ao Monte Sinai (chamado também Horeb), lugar da Aliança e do Decálogo; ambos lugares difíceis de escalar, mas onde, no cume, resplandecia sempre a luz de Deus. Todos esses salmos são breves, mas ricos de simbologia.

O salmo 121, por sua vez, apresenta-nos o peregrino que fixa seu olhar sobre os montes da Judeia e, ainda distante, pede ajuda a Deus para chegar à cidade santa, Jerusalém.

Louvor a Deus, sentinela de Israel

Cântico de peregrinação.

¹ Levanto os olhos para os montes: donde me virá socorro?

² O socorro me vem do Senhor, que fez o céu e a terra.

³ Ele não permitirá que teu pé tropece; tua sentinela não dorme.

⁴ Não! Não dorme nem repousa a sentinela de Israel.

⁵ O Senhor é tua sentinela; como sombra protetora, o Senhor está à tua direita.

⁶ De dia não te causará dano o sol, nem a lua, de noite.

⁷ O Senhor te guardará de todo mal, ele guardará tua vida.

⁸ O Senhor te guardará, em tuas idas e vindas, agora e para sempre.

Rezar o salmo com Israel

Os salmos dos peregrinos fazem memória do Êxodo, saída e libertação do Egito. Para fazer uma boa viagem, é necessário saber de onde se parte, conhecer a estrada, saber aonde se quer chegar e os meios de transporte que se deve usar. Os pobres andam a pé, como sempre, enquanto os ricos dispõem de carroças, cavalgaduras como o camelo, um burrinho ou um cavalo.

Os peregrinos se orientavam observando o Monte Sião, sabendo que lá era o Templo, lugar de oração e contemplação da face de Deus. A oração era sempre necessária, a fim de pedir ao Senhor proteção contra todo mal, como o ataque de bandidos, ladrões e feras selvagens, e para que encontrassem fontes de água ao longo do caminho e lugares seguros para o repouso. Durante o repouso, na caravana dos peregrinos, à noite, havia sempre uma sentinela pronta para dar o alarme ante qualquer advertência de perigo.

Trata-se, portanto, de uma oração fervorosa para quem está de partida e para quem chega a um novo lugar. Deus caminha ao lado do seu povo e o protege com ternura paterna-materna.

Rezar o salmo com Jesus

Este pequeno salmo é repleto de sentimentos "evangélicos", e por trás de cada palavra se entrevê a presença do coração de Jesus, que nos defende, protege e caminha conosco. Ele é o Bom Pastor, aquele que nos diz que o Pai conta até os cabelos de nossa cabeça e que não nos acontecerá nada de mal. Jesus é o guarda fiel que caminha conosco no deserto, nas noites e nas alegrias. Ele nos acompanha na partida e na chegada, e anda a nossa frente para nos preparar um lugar.

Jesus rezou: "Não estou pedindo que os tires do mundo, mas que os guardes do mal" (Jo 17,15), e ainda prometeu nos enviar o Espírito Santo, a fim de permanecer conosco até o fim do mundo (cf. Mt 28,20). O Senhor – diz o salmista – não dorme nem cochila, mas vigia sempre. Como não recordar, então, o episódio evangélico da tempestade acalmada?

> Eis que uma grande tempestade se levantou no mar, a ponto de a barca desaparecer entre as ondas. Jesus, porém, dormia. Os discípulos foram acordá-lo, dizendo: "Senhor, salva-nos, que perecemos!" Respondeu-lhes ele: "Por que este medo, homens de pouca fé?" Em seguida, levantou-se e repreendeu os ventos e o mar, e se fez grande calmaria. Os homens se admiraram, dizendo: "Quem é este que até os ventos e o mar lhe obedecem?" (Mt 8,24-27).

Santa Teresa do Menino Jesus diz, a propósito: "Não importa se Jesus está adormecido ou desperto, não. O que importa é que Ele esteja na barca comigo". É a fé animada pelo amor e pela esperança.

Rezar o salmo com a Igreja

O salmo é a voz da Igreja, peregrina na história, de todos aqueles que caminham – conscientes ou não – para o Senhor e de todos os que o buscam com coração sincero. É um canto-oração de fé e de esperança, fecundado pela força do amor que se faz fermento, sal e luz no coração dos que creem. O cristão não está jamais sozinho, pois caminha sempre acompanhado e vive continuamente o seu "êxodo--saída" de uma terra a outra, da terra ao céu.

Neste salmo 121, contemplamos uma grande fila de novos peregrinos em busca da terra prometida: os prófugos, os emigrantes, os migrantes, os exilados políticos e religiosos; uma coluna imensa de pessoas enfrentando a fome e os perigos, a fim de chegar à liberdade. Hoje ele está tão atual como sempre: quantos enfrentam o frio, os espinheiros, as ondas do mar, buscando um lugar mais seguro para viver! Rezam quando partem, quando chegam e quando voltam... Um perene caminhar.

Encontramos, porém, o nosso auxílio sempre em Cristo, na Virgem Maria, nos santos, nossos amigos, e nos anjos que Deus manda a nossa frente como guardiães e protetores, para nos alertar dos perigos. Não se vai sozinho ao paraíso, mas acompanhado.

Releia o salmo.

Meditar o salmo

O salmo 121 é um salmo de confiança no Senhor. Quem viaja sabe que tem necessidade da proteção de Deus. Hoje devemos redescobrir a alegria de rezar enquanto viajamos, não a pé nem no dorso de um camelo, mas de veículo. A oração nos desperta, e o Deus que não dorme nem cochila nos protege melhor que um *air bag*...

Questionário

- Que valor os mandamentos de Deus têm em sua vida pessoal, familiar e social?
- Como você reage diante das leis injustas, como o aborto, a eutanásia e a corrupção?

Minha oração

Ó Senhor, sê nosso auxílio na luta, consolador nas viagens, refrigério na calma, abrigo na chuva e no frio, sustento no cansaço, defesa na adversidade, apoio nas estradas escorregadias, porto no naufrágio, a fim de que, sob a tua guia, possamos chegar felizes à meta pela qual tendemos e, por fim, retornar sãos e salvos às nossas habitações.

> Faça sua oração.

Colocar em prática

Peça a Deus que nos livre não só das línguas mentirosas e caluniadoras (cf. Sl 120,2-4), mas também que nós mesmos sejamos sinceros e não caluniemos ninguém. Verifique a verdade do que se disser.

Salmo 122(121)
Desça a paz sobre Jerusalém

Este salmo é uma explosão de alegria dos peregrinos que chegam de toda parte para visitar a cidade santa de Jerusalém, onde habita a glória de Deus; é ainda um canto de adeus e nostalgia por parte daqueles que retomam o caminho de retorno às próprias casas. Onde se pode encontrar paz, fora da casa de Deus? Ali também "os pássaros encontram espaço para construir seus ninhos" (Sl 84,4) e louvam o Altíssimo com seus gorjeios.

Atualmente, quando visitamos os nossos santuários, sentimos interiormente alegria do encontro com o Senhor e, ao retornar, fazemos a última oração para que nossa viagem seja serena e tranquila. A paz não é fruto de tratados políticos, mas dom de Deus concedido aos que se esforçam para viver a sua Palavra. Santa Teresa d'Ávila, em sua obra *O castelo interior*, convida-nos a empreender a viagem para o centro de nossa alma, verdadeiro santuário e verdadeira Jerusalém, onde habita a santa Trindade. Somos essa "nova Jerusalém", amada por Deus, firme e compacta, harmoniosamente construída, que revela a graça e a bondade misericordiosa do Senhor.

Saudação a Jerusalém, cidade santa

Salmo de peregrinação de Davi.

¹ Alegrei-me quando me disseram: "Vamos à casa do Senhor!"

² Pararam, enfim, nossos pés às tuas portas, Jerusalém.

³ Jerusalém foi construída para ser uma cidade de muita afluência.

⁴ Para ali acorrem as tribos, as tribos do Senhor, segundo as leis de Israel, para louvar o nome do Senhor.

⁵ Ali estão estabelecidas a sede da justiça e a sede da casa de Israel.

⁶ Desejai a paz a Jerusalém: "Estejam em segurança os que te amam!

⁷ Haja paz dentro de teus baluartes e tranquilidade em teus palácios!"

⁸ Por causa de meus irmãos e companheiros, apraz-me dizer: "A paz esteja contigo!"

⁹ Por causa da casa do Senhor nosso Deus, invocarei sobre ti a felicidade.

Rezar o salmo com Israel

Não se empreendia sozinho a longa viagem até Jerusalém, pois seria perigoso. Caminhava-se em grupo: de um lado, as mulheres, do outro, os homens, e as crianças corriam de uma parte a outra. Iniciava-se a peregrinação ao nascer do sol, parava-se durante o percurso em alguns pontos prefixos e ao entardecer, para comer, dormir e falar sobre a beleza do Templo; talvez se reunissem ao redor do fogo, contemplando o céu estrelado.

O povo de Israel estava habituado a essas viagens de oração e purificação, realizadas também a fim de levar a oferta estabelecida pela lei aos levitas. O nome "Jerusalém" significa "cidade da paz"; para todo israelita, Jerusalém é o coração da fé onde habita Deus, o qual convida e reúne o seu povo predileto. Jerusalém é o centro de espiritualidade para o qual todos os povos olham com esperança. "Alegrei-me quando me disseram: "Vamos à casa do Senhor!" é uma expressão que revela a pressa da alma que chega a Jerusalém antes do corpo. É oração, é alegria, é vida.

Rezar o salmo com Jesus

Fiquei impressionado quando soube que o nome da cidade santa de Jerusalém é citado mais de oitocentas vezes na Bíblia, e que também, no Novo Testamento, é uma palavra-chave para compreender a aliança e o amor de Jesus para com cidade santa. Foi ali que ele: peregrinou no Templo, aos doze anos de idade, não porque havia se perdido, mas por ter decidido interrogar os sacerdotes, os escribas os doutores da Lei, e para defender os direitos de Deus Pai e de toda pessoa humana; frequentou o Templo durante as festas da Páscoa e em outras festividades; expulsou os vendedores e os cambistas; entrou triunfante, aplaudido por todos; depois chorou diante da cidade amada, porque ela recusara a receber a luz, a paz e o amor do Redentor do mundo; e onde, por fim, morreu na cruz e ressuscitou.

Para os cristãos, a nova Jerusalém não será só a Jerusalém celeste triunfante, nem só a nova cidade terrena, construída sobre a Pedra Viva, que é Cristo Jesus, rejeitado pelos construtores, mas escolhido e consagrado pela unção do Espírito Santo. A nova Jerusalém é o próprio Senhor Jesus, que vem nos visitar e vai descer novamente do alto para julgar-nos.

Encontram-se, neste salmo, muitas referências ao nome Jerusalém, "cidade bem construída", que é a comunidade dos crentes em Jesus, pedra fundamental e única da Igreja. Somos somente pedras vivas esculpidas para ocupar o nosso lugar na construção viva da comunidade.

Rezar o salmo com a Igreja

Quando Israel vê a destruição do Templo pelo exército romano, percebe que está sem o lugar considerado a casa de Deus, a "Jerusalém santa", sem um local onde oferecer a Deus os próprios sacrifícios e sem profetas e sacerdotes. Portanto, como seu culto não mais seria no Templo, passou a ser feito não mais com sacrifícios animais, mas unicamente com a leitura da Palavra de Deus.

Após a destruição do Templo de Jerusalém, a Igreja cristã se deu conta de sua identidade como um templo vivo, uma "nova Jerusalém", constituída por pedras vivas dos seguidores de Cristo, no mundo todo, com o anúncio do Evangelho, a Jerusalém peregrina e celeste, a cidade de Deus.

Os profetas já haviam entrevisto uma futura "nova Jerusalém", anunciando novos céus e nova terra. Essa nova forma de comunidade de fé fundirá sabiamente as duas alianças em uma única. Jesus já havia anunciado isso claramente à mulher da Samaria, que encontrava junto ao poço:

> Jesus lhe disse: "Crede-me, mulher, vem a hora em que nem neste monte nem em Jerusalém adorareis o Pai. Vós adorais o que não conheceis, nós adoramos o que conhecemos, porque a salvação vem dos judeus. Mas vem a hora, e já chegou, em que os verdadeiros adoradores hão de adorar o Pai em espírito e verdade; e são estes os adoradores que o Pai deseja. Deus é espírito, e, quem o adora, deve adorá-lo em espírito e verdade" (Jo 4,21-24).

Jesus se dirigia a Jerusalém, como todo hebreu crente do seu tempo, para adorar o Pai e celebrar a Páscoa, até cumprir e realizar uma nova Páscoa, com um novo cordeiro imolado, que seria Ele mesmo, como lemos em João 2,18-21: Os judeus tomaram a palavra e perguntaram: "'Que sinal nos dás para fazeres isto?' Respondeu Jesus: 'Destruí este Santuário e em três dias o levantarei'. Replicaram os judeus: 'Quarenta e seis anos levou a construção deste Santuário e tu vais levantá-lo em três dias?' Mas ele falava do santuário do seu corpo".

Para os cristãos, a Igreja é a "cidade santa" da paz. Muitíssimos são os textos que poderíamos citar, porém, basta como exemplo um trecho do Apocalipse, no qual João Evangelista entrevê a grandeza e a beleza da futura Igreja:

> Vi um céu novo e uma terra nova, porque o primeiro céu e a primeira terra haviam desaparecido, e o mar já não existia. Vi a cidade santa, a nova Jerusalém, que descia do céu, de junto de Deus, ornada como uma esposa se enfeita para o esposo. Ouvi uma voz forte do trono, que dizia: "Eis a tenda de Deus entre os homens. Ele levantará sua morada entre eles, e eles serão seu povo, e o próprio Deus-com-eles será o seu Deus" (Ap 21,1-3).

A Virgem Maria é a nova Jerusalém, a nova filha de Sião.

Releia o salmo.

Meditar o salmo

Este é um salmo de teologia eclesiológica, que nos faz sentir a alegria de ser comunidade. Todas as vezes que nos dirigimos à igreja, encontramos tantos irmãos e irmãs e ouvimos no coração este hino de alegria: "Alegrei-me quando me disseram: 'Vamos à casa do Senhor'". Onde se encontra a casa do Senhor? Será só a igreja feita de pedra, de poder, de quadros antigos e preciosos? Ou a igreja é feita de pessoas que esperam de nós acolhida, amor, perdão e paz? Chegamos a uma conclusão que é também a do salmista: queremos a paz somente nas palavras, mas não na realidade. Na realidade, somos homens e mulheres, toda uma humanidade, que ama a guerra.

Questionário

- Você se sente realmente "Igreja", nova Jerusalém?
- Tem consciência de sua responsabilidade na renovação da Igreja, retendo somente o que é essencial?
- Como vê sua igreja paroquial, diocesana, universal?

MINHA ORAÇÃO

Sinto alegria, Senhor, à tua voz de amor, que me chama a colocar-me a caminho para a igreja; sinto-a nos irmãos e irmãs, o teu povo santo que me acolhe, que canta hinos de glória e louvor. Louvo-te e agradeço, Senhor, pela Jerusalém terrestre, imagem da Igreja peregrina, sempre a caminho para o verdadeiro Templo do céu, onde não há injustiça, tristeza, mas só luz e paz. Faz descer, Senhor, em nossos corações, a verdadeira paz que destrói barreiras e muros, e, unidos, de mãos dadas, como verdadeiros irmãos e irmãs, caminharemos na construção da nova humanidade. Dá-nos o teu perdão para que possamos também dar o nosso perdão. "Dou-vos a minha paz, não como o mundo a dá", disse-nos Jesus; é dessa paz que necessitamos: concede-a por tua misericórdia.

Faça sua oração.

Colocar em prática

Quero viver a bem-aventurança da paz, sempre e com todos. "Bem-aventurados os construtores de paz, porque serão chamados filhos de Deus" (Mt 5,9). Quais são os muros que devo destruir entre mim e os outros?

Salmo 124(123)
Se Deus não estivesse conosco, que seria de nós?

Este é um dos salmos mais belos do Saltério, que celebra a proteção do Senhor, que fez o céu e a terra, e que está sempre ao lado dos pobres, dos últimos, dos humildes. Os ídolos fazem um duplo jogo para procurar ganhar uma força sempre superior. O nosso Deus é diferente: humilde, dá seu amor e proteção, pedindo em troca a observância de seus mandamentos. Quem está com Deus não tem medo das dificuldades nem das perseguições, pois sabe que finalmente vencerá, não ele, mas o Senhor. A intervenção de Deus traz alegria, agradecimento e busca de perdão para quem faz o mal por não ter ouvido a sua voz.

É difícil prever a data e o autor deste salmo; talvez tenha sido escrito durante a libertação da escravidão da Babilônia, ou em outro período de sofrimento particular. Agrada-me chamá-lo "salmo dos mártires", de quem – obstante tudo – testemunha a fidelidade de Deus.

Ação de graças ao Deus libertador

[1] Cântico de subida. De Davi.
Se o Senhor não estivesse do nosso lado – que Israel o diga! –
[2] se o Senhor não estivesse do nosso lado, aos nos assaltarem os homens,
[3] eles nos teriam devorado vivos, quando sua cólera se desencadeou contra nós;
[4] as águas nos teriam arrastado, uma torrente nos teria submergido,
[5] ter-nos-iam submergido as águas impetuosas.
[6] Bendito seja o Senhor, que não nos entregou como presa aos seus dentes!
[7] Nossa alma escapou como um laço dos caçadores: ao romper-se o laço, escapamos.
[8] Nossa proteção está no nome do Senhor, que fez o céu e a terra.

Rezar o salmo com Israel

Os salmos são, ao mesmo tempo, oração, poesia e história. Contêm em si mesmos a memória da presença de Deus, que nos ajuda a fugir das mãos dos inimigos.

Neste salmo, temos três imagens preciosas que nos permitem compreender o quanto devemos ser vigilantes para não cairmos como presas dos animais ferozes, ou sermos levados e submersos pelas águas que tudo destroem, ou cairmos na rede de um caçador. Somos imagens plásticas e vivas que ilustram o poder do mal, o qual sozinhos não podemos vencer. Somente Deus, que fez o céu e a terra, permitirá que vençamos e não caiamos nessas armadilhas, presas do demônio para o nosso dano. Se o Senhor não estivesse conosco, teríamos caído nos laços que nos teriam retido.

Israel está sempre atento à presença do mal, mesmo tendo consciência de que, muitas vezes, é mais fácil recorrer aos ídolos do que a Deus. O perigo da idolatria é o grande risco do povo, que caminha a sós no deserto para a terra prometida. Se o Senhor não estivesse conosco, quem seríamos nós? Meditar esta pergunta é redescobrir a alegria da nossa fé.

Rezar o salmo com Jesus

A oração de Jesus tem como pano de fundo este salmo 124, que chama nossa atenção a todos os "laços" que judeus, fariseus e escribas lhe armaram e dos quais Ele conseguiu fugir por obra do Espírito Santo. Pensemos nas tentações do deserto: após quarenta dias de jejum, o demônio aparece a Jesus e é por Ele derrotado; pensemos um pouco nas armadilhas que os chefes do povo hebraico lhe armaram, com perguntas tendenciosas e capciosas, pensemos na traição... Tudo Ele supera com a força do Pai, que fez o céu e a terra.

Jesus nos recorda que valemos mais do que muitos pássaros, que o Pai pensa em nós e que o mal não nos atingirá. Devemos confiar em sua proteção e em seu amor. O Evangelho todo é um cântico de esperança: somos peregrinos da esperança no caminho de nossa vida. Jesus experimentou em sua carne viva as flechas envenenadas do ódio dos seus inimigos, porém sempre retrucou com amor, misericórdia e perdão.

Rezar o salmo com a Igreja

Este salmo é o canto dos mártires que vão ao encontro da morte com a serenidade com que foi Jesus para o Calvário e com a qual Santo Estêvão enfrentou seu martírio, seu testemunho de fé, sendo o primeiro mártir. Todos os mártires da história de ontem, de hoje e de amanhã não temem a morte, pois "sabem em quem colocaram sua confiança", isto é, no Deus criador do céu e da terra, em Jesus Salvador.

A fé da Igreja é exatamente esta: jamais os inimigos, os perseguidores, vencerão a confiança dos mártires em Cristo, cujo sangue é semente de novos cristãos. A vitória de Cristo sobre a morte é a ressurreição, como também é a vitória dos mártires e dos que morrem na fé em Cristo Jesus.

Se Deus é percebido presente no Antigo Testamento, é muito mais no Novo Testamento, em que Jesus vive em nosso meio mediante sua Igreja. O anúncio da Igreja deve ser sempre paz, alegria e perdão. Esse é o chamado para colocar-se sempre ao lado dos pequenos, frágeis e vulneráveis; quando não age assim, afasta-se do exemplo e das palavras de Jesus Cristo.

Releia o salmo.

Meditar o salmo

Quais são os laços e as armadilhas, as feras ou as ondas que tentam submergir a sua fé e torná-lo vulnerável aos ataques dos inimigos? Medite sobre sua vida pessoal e não tenha medo de identificar os inimigos da sua fé: "Se o Senhor não estivesse com você", o que lhe poderia acontecer?

Questionário

- Faça uma pausa a fim de meditar por que a Igreja é amada/odiada, perseguida?
- Por que os cristãos são reconhecidos pelo amor?
- E por que enfrentam, com coragem, os inimigos de sua fé sem vingar-se?

MINHA ORAÇÃO

Como oração, no âmbito dos salmos de peregrinação, desejo apresentar um dos salmos que não meditamos.

Salmo 123(122) – Salmo de esperança

[1] Cântico de peregrinação.
Para ti levanto os olhos, para ti, que habitas nos céus.
[2] Como os olhos dos servos se fixam nas mãos dos seus senhores, e como os olhos da serva, na mão de sua senhora, assim também nossos olhos, no Senhor nosso Deus, até que se compadeça de nós.
[3] Piedade, Senhor, piedade, porque estamos saturados de desprezo!
[4] Nossa alma está saturada do sarcasmo dos abastados, do desprezo dos orgulhosos.

Faça sua oração.

Colocar em prática

Preste atenção nos que querem afastá-lo de Deus com falsas promessas, ou nos que prometem um paraíso que se pode comprar com dinheiro e poder. Defenda a sua fé e a fé dos outros.

Salmo 127(126)
A bênção de Deus dá prosperidade

Este pequeno salmo é de importância capital para fazer-nos voltar ao que é essencial em nossa vida. Sozinhos, nada podemos fazer; antes, naufragamos e afundamos em nossas convicções de autossuficiência. Cremos mais em nosso dinheiro no banco do que na divina Providência; afadigamo-nos em busca de dinheiro, quando é o Senhor quem nos provê todas as coisas. Vivemos oprimidos com ânsia e angústia de que nos falte o chão debaixo dos pés, enquanto a nossa proteção vem de Deus.

Quem orienta hoje a humanidade não é mais o amor, mas o dinheiro, a economia. Não importa a muitos, por exemplo, quantas vítimas fez ou fará a Covid-19, mas sim salvar a economia. Não importa se a construção de um dique cancele países inteiros, deforme ou mude o clima e a paisagem, mas o que se quer salvar é a economia. Por meio deste salmo, Deus afirma o contrário: o que vale é a fé e o amor recíproco.

A força de Deus sustenta a fadiga do homem

¹ Cântico de peregrinação. De Salomão.
Se o Senhor não construir a casa, inútil será o trabalho dos construtores. Se o Senhor não guardar a cidade, inútil será a vigilância da sentinela.
² É inútil que vós levanteis cedo e retardeis o repouso, comendo o pão de fadigas, pois ele o dará igualmente ao amigo, durante o sono.
³ Os filhos são a herança do Senhor, o fruto do ventre é a recompensa.
⁴ Como flechas na mão de um guerreiro, assim são os filhos da juventude.
⁵ Feliz o homem que dela tem provida a aljava! Não será derrotado, quando litigar com o adversário no tribunal.

Rezar o salmo com Israel

O homem deseja lutar sozinho, apoderar-se do mérito de tudo que faz, e isso é vã ilusão. Quer construir sua "torre de Babel", até chegar ao céu, mas Deus confunde as línguas humanas e a torre cai ou permanece incompleta. Busca a salvação com suas forças, mas encontra morte, fome, carestia.

Os salmistas são "profetas", mesmo que não os chamem assim; olham ao longe, vivem a mística da invisibilidade e da providência, rezam e sabem que, sem o auxílio do Senhor, nada poderão fazer. Peregrinos vão a Jerusalém cantando e pedindo proteção. Em vão madrugam os trabalhadores, em vão constroem, se Deus não está com eles; assim como inutilmente vigia a sentinela sem o auxílio de Deus.

Qual é o dom de "Deus"? São os filhos, poeticamente indicados como "flechas na mão de um guerreiro", armados para defender-se dos inimigos. São imagens sempre atuais: Deus é o nosso defensor. A família numerosa, para Israel, constitui uma grande bênção de Deus. Contudo, hoje as famílias são pequenas, e, em muitos países, vive-se um inverno demográfico que gera tristeza e desespero.

Rezar o salmo com Jesus

Rezando este salmo 127, vem-nos à mente, como por encanto, os textos evangélicos sobre a Providência de Deus:

> Por isso vos digo: Não vos preocupeis com vossa vida, com o que comereis, nem com vosso corpo, com o que vestireis. Não será a vida mais do que o alimento e o corpo mais do que as vestes? Olhai as aves do céu: não semeiam, nem colhem, nem guardam em celeiros, e, no entanto, o Pai celeste as alimenta. E vós não valeis muito mais do que elas? Quem de vós, com suas preocupações, pode aumentar a sua idade de um momento sequer? E com o vestido, por que vos preocupais? Olhai como crescem os lírios do campo: não trabalham nem fiam. E eu vos digo que nem Salomão, com toda sua glória, se vestiu como um deles. Se Deus veste assim a erva do campo, que hoje cresce e amanhã será queimada, quanto mais a vós, homens de pouca fé! Não vos preocupeis, pois, dizendo: "O que vamos comer? O que vamos beber? Com que vamos nos vestir?" São os pagãos que se preocupam com tudo isso. Ora, vosso Pai celeste sabe muito bem que necessitais de tudo isso. Buscai, pois, em primeiro lugar o reino de Deus e sua justiça, e todas estas coisas vos serão dadas de acréscimo. Não vos preocupeis com o dia de amanhã. O dia de amanhã terá as próprias dificuldades. A cada dia basta seu fardo" (Mt 6,25-34).

Outras palavras de Jesus: "Eu sou a videira, vós os ramos. Quem permanecer em mim e eu nele, dará muito fruto, porque sem mim nada podeis fazer" (Jo 15,5).

Como não recordar, além disso, a palavra dita por Jesus a Marta, muito atarefada e angustiada pelo trabalho ligado à visita de Jesus em sua casa, perdendo a ocasião de desfrutar da presença do Mestre, como fez Maria: "Respondeu o Senhor e disse: 'Marta, Marta, andas muito inquieta e te preocupas com muitas coisas; entretanto, uma só coisa é necessária. Maria escolheu a melhor parte, que não lhe será tirada'" (Lc 10,41).

Outro texto adaptado a um comentário cristão deste salmo é uma parábola, narrada pelo evangelista Marcos:

> [Jesus] dizia: "O reino de Deus é como um homem que joga a semente na terra. Quer ele durma ou vigie, de dia ou de noite, a semente germina e cresce sem que ele saiba como. É por si mesma que a terra dá fruto, primeiro as folhas, depois a espiga, em seguida o grão que enche a espiga; e, quando o fruto amadurece, mete-lhe logo a foice, pois é tempo da colheita" (Mc 4,26-29).

Rezar o salmo com a Igreja

Devemos nos convencer de que a Igreja não é da Igreja nem dos homens da Igreja, e sim de Deus! Quantos erros, durante séculos (e ainda hoje), a Igreja cometeu e comete! Todavia, ela prossegue segura nas palavras de Jesus: "Não temais, eu estarei convosco por todos os séculos" (Mt 28,20). Cristo constrói a sua Igreja sobre nossos erros e não tanto sobre as nossas virtudes; ao contrário, poderíamos nos vangloriar disso.

Os missionários, o papa, os bispos, sacerdotes, todos os cristãos, somos trabalhadores que, às vezes, preocupamo-nos excessivamente com projetos humanos, os quais, regularmente, caem um a um. Por isso, devemos voltar a uma confiança inquebrantável em Cristo Jesus, que se constrói com o auxílio do Pai e a força do Espírito Santo. A glória da Igreja é feita por aqueles que assumem o batismo e são fiéis a Cristo até o martírio.

Este salmo é cantado pelos cristãos nas festas da Virgem Maria, que soube colaborar, com seu consentimento, na ação do Espírito Santo. Não podemos dizer que o nosso "sim" seja inútil: Deus tem necessidade da nossa cooperação, mas devemos nos convencer de que, sozinhos, não podemos fazer nada. Rezemos o salmo para assumirmos as nossas responsabilidades e sermos Igreja harmoniosa e unida na luta contra a autossuficiência das coisas terrenas.

Releia o salmo.

Meditar o salmo

Todos os esforços humanos, sem o auxílio de Deus, são inúteis. O salmista nos convida a meditar sobre nossos afãs, angústias e aflições, que não resolvem nossos problemas, a oferecer a Deus a nossa pobreza e a redescobrir a força da comunhão das famílias em nossa vida.

Questionário

- Diante de tantas famílias divorciadas, separadas, qual é a sua resposta?
- Como você o seu trabalho? É feito individualmente ou em comunhão com Cristo?
- Você confia mais em Deus ou nas contas bancárias? Saiba ajudar os mais pobres.

Minha oração

Salmo 126(125) – Oração pela restauração da nação
¹ Cântico de peregrinação.
Quando o Senhor reconduziu os cativos de Sião, parecíamos sonhar;
² nossa boca se enchia de riso, e nossa língua, de gritos de júbilo.
Até entre os pagãos se dizia: "Grandes coisas fez por eles o Senhor".
³ Grandes coisas fez por nós o Senhor: estamos exultantes.
⁴ Traze, de volta, Senhor, nossos cativos, como as torrentes do Negueb!
⁵ Os que em lágrimas semeiam, em júbilo recolhem:
⁶ ao sair, vai chorando quem leva as sementes a plantar; ao voltar, vem cantando quem traz os seus feixes.

Faça sua oração.

Colocar em prática

Renove sua fé na divina Providência e, ao mesmo tempo, coopere com as suas capacidades; não confiar em Deus é um mal, mas só confiar em Deus, sem cooperar ativamente, é outro mal. Santa Teresa d'Ávila dizia: "Só Deus basta", mas ela sempre cooperou com Ele.

Salmo 131(130)
Senhor, o meu coração não é orgulhoso

Este é o salmo do meu coração. Medito-o muitas vezes (para não dizer muitíssimas), quando a onda do orgulho se levanta com violência, quando me sinto assaltado pela fumaça do poder e da glória, e, também agora, quando sinto que a minha humanidade, por causa dos anos, torna-se mais fraca; então, corro em direção a este salmo, bebendo na fonte da humildade, do abandono em Deus, e comendo à saciedade o pão da alegria de quem dorme sereno nos braços de Deus, Pai-Mãe.

Desejo aplicar este salmo a minha pouca capacidade espiritual e intelectual, a fim de fazê-lo ser amado por todos. Ele comporta momentos de "sim" e "não"; na realidade, toda a nossa vida é composta de alguns "sim", que pronunciamos, e de alguns "não", que nos convidam a renunciar ao mal.

Esta oração canta a alegria de quem confia no Deus de Israel, Deus da paz e do abandono, e abre a porta do nosso coração para Ele; gesto que devemos repetir todos os dias, com confiança e amor.

Confiança filiar

¹ Cântico de peregrinação. De Davi.
Senhor, meu coração não é pretensioso, nem meus olhos são altivos. Não aspiro a grandezas nem a proezas acima do meu alcance.

² Antes, modero e tranquilizo minha alma; como a criança saciada no colo da mãe, assim tenho a alma dentro de mim, como criança saciada.

³ Espere, Israel, pelo Senhor, agora e sempre!

Rezar o salmo com Israel

Este salmo é um tesouro de toda a Bíblia, em que o salmista troca o registro dos sentimentos nos confrontos com Deus: não é mais um forte Deus guerreiro, que defende o povo dos ataques inimigos, nem mesmo um Deus da história providente. É, ao contrário, a visão de um Deus Pai e Mãe que acolhe e busca corações totalmente despojados de si mesmos, vazios de glória e poder, que vivem com humildade e olhos fixos no Senhor.

É um cântico contemplativo, intenso e pleno de amor, e aquele que o reza reconhece que está presente nele o desejo de ser grande, de dominar, e, todavia, vive em sua pobreza e pequenez, transformando-as em riqueza diante do Senhor. Neste salmo vemos também refletidas as almas da Virgem Maria e de São José, os quais viveram doando-se e não buscaram algo fora do amor de Deus. O menino apresentado no salmo é um "desmamado", que, porém, ainda está nos joelhos da mãe e talvez lhe busque o peito. São João da Cruz nos diz que Deus nos desmama e nos coloca no chão, a fim de aprendermos a caminhar sozinhos:

> Convém saber que a alma, quando determinadamente se converte a servir a Deus, de ordinário é tratada e regalada pelo Senhor, com o mesmo procedimento que tem a mãe amorosa com a criança pequenina. Ao calor de seus peitos a acalenta; com leite saboroso e manjar delicado a vai nutrindo, e em seus braços a carrega e acaricia. À medida, porém, que a criança vai crescendo, a mãe lhe

> vai tirando o regalo; e, escondendo o terno amor que lhe tem, põe suco de aloés amargo no doce peito; desce o filhinho dos braços e o faz andar por seus próprios pés, para que, perdendo os modos de criança, habitue-se a coisas maiores e mais substanciais (Noite Escura 1,2).

A infância espiritual é o grande rio subterrâneo que fecunda todo o Antigo Testamento, para desembocar depois, livremente, no oceano de amor do Novo Testamento. Bem-aventurados os pobres, as crianças, porque deles é o reino dos céus.

Rezar o salmo com Jesus

O Verbo se fez carne e veio habitar entre nós, assim como uma criança, pobre e necessitando do afeto de uma mãe e de um pai; dependente de tudo, também Ele recebeu o leite materno, aprendeu a caminhar, falar, rezar. Essa infância de Jesus é muito importante, ainda que às vezes isso nos escape, porque somos obcecados em querer provar a sua divindade. Sabemos que rezou como cada um de nós, sentindo necessidade de um pai e de uma mãe que o consolassem e o encorajassem em sua missão. É belo contemplar Maria sempre presente, de modo muito discreto e à margem na vida de Jesus, desde seu nascimento até à Paixão, morte, ressurreição, e, mesmo depois, na oração do Cenáculo.

Devemos sempre libertar-nos da ânsia que se torna idolatria. Jesus nos ajudará nesse percurso:

> E Jesus, virando-se para os discípulos, disse: "Por isso vos digo: Não vos preocupeis com a vida, o que comereis, nem com o corpo, o que vestireis, porque a vida é mais do que o alimento e o corpo mais do que as vestes. Olhai os corvos, não semeiam nem ceifam, não têm despensa nem celeiro, mas Deus os alimenta. Quanto mais valeis vós do que as aves! Quem de vós, com os cuidados, pode acrescentar um côvado à duração da vida? Se, pois, não podeis fazer o menos, por que vos inquietais com o mais? Olhai os lírios como crescem. Não trabalham nem tecem, mas eu vos digo que nem Salomão, com toda sua

glória, se vestiu como um deles. Se é assim que Deus veste a erva, que hoje está no campo e amanhã será lançada no forno, quanto mais a vós, homens de pequenina fé! Não vos inquieteis com o que haveis de comer ou beber, nem andeis em ansiedade, porque os pagãos de todo o mundo é que buscam tudo isso. Vosso Pai sabe que tendes necessidade de tais coisas. Vós, porém, buscais antes o seu Reino, e isto recebereis em acréscimo. Não tenhas medo, pequeno rebanho, porque o Pai achou por bem dar-vos o Reino" (Lc 12,22-32).

Rezar o salmo com a Igreja

Neste salmo encontra-se a teologia e a prática da infância espiritual, necessária para uma verdadeira experiência de Deus, o qual se esconde aos sábios e se revela aos humildes e aos pequenos. Quantas vezes, também nós, perguntamo-nos quem é o maior no reino dos céus, e a resposta que sai do nosso coração é oposta àquela de Jesus: para nós é maior quem faz grandes obras, quem alcança o maior grau de dignidade, quem está acima. Para Jesus, ao contrário, o maior é quem serve, quem se faz pequeno, quem se anula por amor, tornando-se servo de todos. Devemos nos tornar como crianças para entrar no reino dos céus:

> Jesus, chamando uma criança, colocou-a no meio deles, e lhes disse: "Em verdade vos digo, se não vos converterdes e não vos fizerdes como crianças, não entrareis no reino dos céus. Pois aquele que se fizer humilde como esta criança, será o maior no reino dos céus. E quem por amor a mim receber uma criança destas, é a mim que recebe" (Mt 18,2-5).

As crianças dependem dos adultos, por isso o escândalo contra elas é maior que o suicídio e o homicídio: "Quem escandalizar um destes pequeninos que creem em mim, mais lhe valia que lhe pendurassem ao pescoço uma pedra de moinho e o jogassem no fundo do mar" (Mt 18,6).

A maturidade espiritual é exatamente a infância espiritual. Isso é demonstrado na doutrina de Teresa do Menino Jesus, doutora da Igreja. Ela se fez pequena e nos ofertou um caminho estreito, breve e direto para o céu: a via do amor. Como crianças, somos chamados a jogar pétalas de rosas onde Jesus passa. Agradeçamos a Jesus, que escondeu essas coisas aos sábios e doutos e as revelou aos pequeninos:

> Naquele tempo, disse Jesus: "Eu te louvo, Pai, Senhor do céu e da terra, porque ocultaste estas coisas aos sábios e entendidos e as revelaste aos pequeninos. Sim, Pai, porque assim foi do teu agrado. Tudo me foi entregue pelo Pai. De modo que ninguém conhece o Filho senão o Pai, e ninguém conhece o Pai senão o Filho e aquele a quem o Filho o quiser revelar" (Mt 11,25-27).

Releia o salmo.

Meditar o salmo

Volte-se para si mesmo e veja se o seu percurso é de orgulho ou humildade, se procura realizar sua comunhão com Cristo ou busca medalhas e reconhecimentos da sociedade e na Igreja.

Questionário

- Como despojar-nos do orgulho e da autorreferência na sociedade e na igreja em que vivemos?

Só o último lugar nos dá alegria, se o escolhemos de coração, enquanto nos provoca tristeza e revolta se o recusamos. A cruz é dom, não punição. Os últimos serão os primeiros e os primeiros, os últimos.

Minha oração

Salmo 130(129) – Confiança no perdão divino

¹ Cântico de peregrinação.
Das profundezas clamo a ti, Senhor:
² Senhor, escuta minha voz; estejam atentos teus ouvidos à voz de minha súplica!
³ Se levares em conta, Senhor, as iniquidades,
Senhor, quem poderá subsistir?
⁴ Mas contigo está o perdão, pelo que és reverenciado.
⁵ Espero pelo Senhor, espero com toda a minha alma e aguardo sua palavra.
⁶ Minha alma espera pelo Senhor, mais que as sentinelas pela aurora, sim, mais que as sentinelas pela aurora.
⁷ Espere Israel pelo Senhor, pois no Senhor há misericórdia, e, junto dele, copiosa redenção.
⁸ Ele redimirá Israel de todas as suas iniquidades.

Faça sua oração

Colocar em prática

Exercite-se na humildade, nos serviços mais humildes e simples. Tome a iniciativa de servir, e compreenderá a espiritualidade deste salmo da infância espiritual.

Salmo 133(132)
A alegria do convívio fraterno

Trata-se de um salmo delicado, como um perfume do Oriente, cheio de fragrância e sabor doce, que invade e que emana da pessoa e da casa onde é usado. Uma imagem viva para dizer e cantar quanto é bela a alegria de quem vive junto, marido e mulher, pais e filhos, família, igreja, comunidade de povo a caminho do Templo de Jerusalém, onde tudo é fraternidade e onde desaparecem as diferenças éticas e sociais, porque ali se crê no mesmo Deus.

É um salmo da amizade, da acolhida, que talvez escape à nossa sensibilidade, mas que nos ajuda a compreender que somente *juntos* podemos vencer as dificuldades da vida. Assim como o povo beduíno, que, habituado a caminhar nos desertos, sabe onde encontrar um lugar para pernoitar, comer e proteger-se. A amizade é verdadeira quando é discreta e sabe arriscar-se pelo amigo; quando não trai jamais, mesmo quando é traída.

Outra imagem presente é a do óleo perfumado que escorre sobre a barba de Aarão, representando uma unção sacerdotal, uma consagração:

> O *Senhor* falou a Moisés: "Pega aromas de primeira qualidade: cinco quilos de mirra virgem, dois quilos e meio de cinamomo aromático, dois quilos e meio de cana aromática, cinco quilos de cássia, segundo o peso do santuário, e nove litros de azeite de olivas. Farás disto um óleo para a unção sagrada. [...] Ungirás também Aarão

e seus filhos, consagrando-os para me servirem como sacerdotes. Assim falarás aos israelitas: este será para mim o óleo da unção, sagrada por todas as gerações" (Ex 30,22-25.30-31).

E também a imagem do orvalho que desce do Monte Hermon, evocando o ressecamento da terra e das ervas, ao despontar do sol nascente.

Enfim, é um salmo que tem origem em um coração delicado, feminino. Penso, então, não ter sido escrito por um homem habituado à vida dura do deserto, mas por um coração materno, habituado a esperar marido e filho após uma longa viagem.

A bem-aventurança da fraternidade

¹ Canto de peregrinação. De Davi.
Como é bom e agradável irmãos viverem unidos!
² É como óleo precioso sobre a cabeça, a escorrer pela barba, a barba de Aarão, a escorrer pela gola de suas vestes.
³ É como o orvalho de Hermon que cai sobre os montes de Sião.
É ali que o Senhor dá a bênção, a vida para sempre.

Rezar o salmo com Israel

Este salmo faz parte dos salmos das peregrinações, e canta a alegria da "fraternidade universal" por meio de imagens delicadas da unção sacerdotal, celebra a felicidade de caminhar juntos para o templo do Senhor. Nada mais belo do que respirar o perfume que escorre pela barba de Aarão, que permanece para sempre ao serviço de Deus. Um óleo santo, um crisma que exala o seu perfume e desce pelas vestes. A quem poderia o salmo comparar essa fragrância do óleo a não ser ao orvalho da manhã, que está fecundando e descendo pelos montes de Sião? Orvalho e perfume são símbolos de fraternidade. Sempre que recebe um hóspede, o povo de Israel sabe que recebe um amigo de Deus, e que oferece três gestos: água para lavar os pés, o beijo da paz e o óleo para ungir a cabeça. No nosso corre-corre da vida, não se recebem mais os hóspedes em casa, mas nos "restaurantes", fora da casa. Rezar este salmo com Israel é redescobrir a alegria da hospedagem e da fraternidade. É um salmo meditativo, que convida ao canto e a uma alegria suave e perfumada.

Rezar o salmo com Jesus

Jesus não quis fazer tudo sozinho em sua missão; então, chamou outros para caminhar com Ele, para seguir o seu projeto, criando uma comunidade de amigos, à qual, não obstante a traição de um e a fuga dos outros, permaneceu fiel. Eram um só coração e uma só alma.

Como é bela a comunidade de Jesus, unida no amor! Ele, na sua última ceia com os amigos, recordou a maneira de servir os outros, despojando-se das insígnias da autoridade e lavando os pés de todos. No batismo, tornamo-nos "cristos", isto é, "unidos" pelo Espírito Santo, que nos fez reis, profetas e sacerdotes.

> "O Espírito do Senhor está sobre mim, porque ele me ungiu para evangelizar os pobres; enviou-me para anunciar aos aprisionados a libertação, aos cegos a recuperação da vista, para pôr em liberdade os oprimidos, e para anunciar um ano de graça do Senhor." E, enrolando o manuscrito, devolveu-o ao assistente e sentou-se. Os olhos de todos os presentes na sinagoga se fixaram nele. Então começou a falar: "Hoje se cumpriu esta passagem da Escritura que acabais de ouvir" (Lc 4,18-21).

No Evangelho, encontramos orientações a seguir para criar uma nova comunidade, plena de regozijo, na dor e na alegria: lavar-nos os pés, amar-nos uns aos outros, dar a vida por aqueles que amamos e viver no serviço, dóceis e escondidos, como o Mestre, que veio "não para ser servido, mas para servir" (Mt 20,28). É morrer dando tudo para o reino de Deus! E ouvir com os ouvidos do coração: "Amai-vos uns aos outros como eu vos amei" (Jo 13,34).

Como seria inesquecível se, a cada peregrino que se apresentasse à porta de casa, fosse oferecido o beijo de paz, água para lavar-se e óleo para perfumar-se e, sobretudo, para que a pele não ressecasse pelo vento seco e quente do deserto... Naquele tempo não existia creme hidratante, mas usava-se óleo, como aparece neste trecho evangélico:

> E, voltando-se para a mulher, disse a Simão: "Vês esta mulher? Entrei em tua casa e não me deste água para os pés. Ela banhou-me os pés com lágrimas e os enxugou com seus cabelos. Tu não me saudaste com o beijo. Ela, desde que entrei, não cessou de me beijar os pés. Tu não me ungiste a cabeça com óleo. Ela me ungiu os pés com perfume" (Lc 7,44-46).

A caridade, para ser verdadeira, deve ser delicada, gentil, respeitosa.

Rezar o salmo com a Igreja

A Igreja sabe que é o corpo de Cristo, ungida pelo Espírito Santo, que a constitui como família plena de delicadeza com todos os seus membros. Sabemos que ser Igreja quer dizer ser amigos em Cristo, irmãos, prontos a dar a vida uns pelos outros. O que deve prevalecer na Igreja não é qualquer sentimento, sempre frágil e volúvel, e sim o amor, que é verdadeiro somente quando nasce de Deus, é eterno e retorna a Deus.

Paulo nos recorda que somos o perfume de Cristo Jesus, que difunde sua fragrância por meio das obras de caridade: "Somos para Deus o perfume de Cristo, entre os que se salvam e entre os que se perdem" (2Cor 2,15). Nós nos reunimos todos ao redor de Cristo na Igreja – como rezamos em toda celebração eucarística –, com o papa, os bispos, os sacerdotes e todos os fiéis, em um só corpo, em um só espírito. O sangue que corre nas veias da Igreja é o mesmo que correu nas veias de Cristo, na última ceia e no Calvário. É esse mesmo amor e a mesma amizade, dom gratuito do amor.

Jesus nos perguntará a cada momento: "Tu me amas mais que os outros?" E a nossa resposta deve ser a mesma de Pedro: "Senhor, tu sabes tudo, tu sabes que te amo e estou pronto para dar a vida por ti" (Jo 21,15).

A Igreja descobre neste salmo 133 que seu ideal é construir uma comunidade guiada somente pelo amor recíproco: "Quando o Filho do homem vier em sua glória com todos os seus anjos, então se assentará no seu trono glorioso, e todas as nações se reunirão em sua presença" (Mt 25,31).

> *Releia o salmo.*

Meditar o salmo

Por que, na vida familiar, comunitária ou eclesial, surge, às vezes, inveja e ciúme, que envenenam a fraternidade? Reflita se seu coração é capaz de amar gratuitamente, ou busca sempre recompensa e gratidão.

Questionário

- Como transformar a palavra do salmo e a de Jesus em fermento que faça crescer toda a humanidade?
- Como você pode tornar-se luz que ilumina a todos?
- Como ser, no mundo, sinal visível de alegria e fraternidade?

MINHA ORAÇÃO

Salmo 134(133) – Vigília de oração no Templo

¹ Cântico de peregrinação.
Vinde, bendizei ao Senhor vós todos, servos do Senhor, que permaneceis durante a noite na casa do Senhor!
² Erguei as mãos para o santuário e bendizei ao Senhor!
³ De Sião te abençoe o Senhor, que fez o céu e a terra.

Faça sua oração.

Colocar em prática

"Se eu falar as línguas de homens e anjos, mas não tiver amor, sou como bronze que soa ou tímpano que retine. E se eu tiver o dom da profecia, conhecer todos os mistérios e toda a ciência e alcançar tanta fé que chegue a transportar montanhas, mas não tiver amor, nada sou. E se eu repartir toda a minha fortuna e entregar meu corpo ao fogo, mas não tiver amor, nada disso me aproveita. O amor é paciente, o amor é benigno, não é invejoso; o amor não é orgulhoso, não se ensoberbece; não é descortês, não é interesseiro, não se irrita, não guarda rancor; não se alegra com a injustiça, mas se compraz com a verdade; tudo desculpa, tudo crê, tudo espera, tudo tolera. O amor nunca acabará. As profecias terão fim; as línguas cessarão; a ciência terminará. Pois nosso conhecimento é imperfeito, assim também a profecia. Mas, quando chegar a consumação, desaparecerá o imperfeito. Quando era criança, falava como criança, pensava como criança, raciocinava como criança; mas, quando me tornei homem, deixei as coisas de criança, agora inúteis. No presente vemos por um espelho e obscuramente; então veremos face a face. No presente conheço só em parte; então conhecerei como sou conhecido. No presente permanecem estas três coisas: fé, esperança e amor; delas, porém, a maior é o amor" (1Cor 13).

Salmo 136(135)
Eterno é o amor do Senhor

Este é um salmo diferente de todos os outros. Trata-se de uma ladainha: após ter invocado o nome do Senhor, declinando a sua grandeza, o povo responde: "Sim, porque eterno é seu amor", ou "Eterna é a sua misericórdia".

Ele é aberto no sentido de que, cada um, ao meditá-lo, pode acrescentar as maravilhas que o Senhor realizou em sua vida. A história de cada um não é mera repetição de eventos, mas encontro com a misericórdia de Deus, que, perdoando-nos, nos salva dos perigos. Deus se coloca ao nosso lado à medida que o amamos.

No mundo em que vivemos, feito de leis que, ao invés de libertar-nos, nos escravizam sempre mais, necessitamos da força de um amor que nos liberta. Paulo compreenderia isso: "Vós, irmãos, fostes chamados à liberdade; não abuseis, porém, da liberdade. Pois toda a Lei se encerra numa só palavra: *Amarás teu próximo como a ti mesmo*" (Gl 5,13-14).

A verdadeira liberdade não nos é dada pela lei, mas pelo Espírito Santo, que, no amor de Deus por Jesus, nos torna livres para escolher a via do bem ou do mal. O único que respeita verdadeiramente a nossa liberdade é Deus.

Ação de graças pela obra de Deus

[1] Dai graças ao Senhor, porque ele é bom, porque eterno é seu amor!
[2] Dai graças ao Deus dos deuses, porque eterno é seu amor!
[3] Dai graças ao Senhor dos senhores, porque eterno é seu amor!
[4] Só ele fez grandes maravilhas, porque eterno é seu amor!
[5] Fez os céus com sabedoria, porque eterno é seu amor!
[6] Firmou a terra sobre as águas, porque eterno é seu amor!
[7] Fez os grandes luminares, porque eterno é seu amor!
[8] O sol, para presidir o dia, porque eterno é seu amor!
[9] A lua e as estrelas, para presidirem a noite, porque eterno é seu amor!
[10] Feriu os primogênitos do Egito, porque eterno é seu amor!
[11] Tirou Israel do meio deles, porque eterno é seu amor!
[12] Com mão forte e braço estendido, porque eterno é seu amor!
[13] Dividiu ao meio o mar Vermelho, porque eterno é seu amor!
[14] Por ele fez passar Israel, porque eterno é seu amor!
[15] Precipitou o Faraó e seu exército no mar Vermelho, porque eterno é seu amor!
[16] Conduziu seu povo pelo deserto, porque eterno é seu amor!
[17] Feriu grandes reis, porque eterno é seu amor!
[18] Abateu reis poderosos, porque eterno é seu amor!
[19] Seon, rei dos amorreus, porque eterno é seu amor!
[20] Og, rei de Basã, porque eterno é seu amor!
[21] Deu a terra deles em herança, porque eterno é seu amor!
[22] Em herança a Israel seu povo, porque eterno é seu amor!
[23] Em nossa humilhação lembrou-se de nós, porque eterno é seu amor!
[24] Livrou-nos do dos adversários, porque eterno é seu amor!
[25] Dá alimento a toda criatura, porque eterno é seu amor!
[26] Dai graças ao Deus do céu, porque eterno é seu amor!

Rezar o salmo com Israel

Israel vive sempre em uma atitude interior de ação de graças pelas maravilhas que Deus realiza a cada instante, e canta essas maravilhas nas celebrações litúrgicas do Templo. Este salmo convida todos os israelitas, de todos os tempos, a agradecer ao Senhor, que libertou seu povo dos inimigos, identificados com os egípcios, os amorreus e os povos que haviam tentado dominá-los. Com a graça de Deus, mantiveram a própria liberdade de culto. O Deus de Israel é um Deus vivo que gera vida, que convida a amar e deixar-se amar por Ele.

Talvez este salmo litúrgico fosse intercalado a duas vozes, entre o povo e os sacerdotes, na escadaria do Templo, ou meditado no silêncio da oração, ou revezado em diálogos durante a noite, sob as estrelas, ao redor do fogo, enquanto celebrava-se o poder de Deus e a sua criação.

Rezar o salmo com Jesus

Este salmo é, por excelência, um "grande Aleluia". Sem dúvida, foi conhecido e rezado por Jesus, pois, na liturgia hebraica do seu tempo, era rezado todos os sábados, como também na festa das Cabanas, na Páscoa e no início do ano, como grande bênção de Deus e como indicação do caminho em que somos chamados a caminhar para experimentar o seu amor, recordando-nos de sua misericórdia. Podemos dizer que Jesus é o grande Hallel, o Aleluia do Pai. Ele e o Pai são um só, assim como devemos ser um com o Pai, o Filho e o Espírito Santo:

> Jesus disse estas coisas e depois, levantando os olhos para o céu, acrescentou: "Pai, é chegada a hora. Glorifica teu Filho para que teu Filho glorifique a ti, e para que, pelo poder que lhe conferiste sobre toda criatura, dê a vida eterna a todos aqueles que lhe entregaste. Ora, a vida eterna consiste em que conheçam a ti, um só Deus verdadeiro, e a Jesus Cristo, que enviaste. Eu te glorifiquei na terra. Terminei a obra que me deste" (Jo 17,1-4).

Este salmo 136 foi cantado por Jesus depois da última ceia, enquanto caminhava com seus discípulos para o Horto das Oliveiras, no qual deveria consumar a vontade do Pai, que, também na dor, permanece junto ao Filho. Somos chamados a ser glória e louvor do Deus Altíssimo, e isso é o fruto do seu amor. Talvez quem tenha compreendido isso plenamente foi o Apóstolo Paulo, no seu cântico de misericórdia a Deus Pai:

> Bendito seja o Deus e Pai de nosso Senhor Jesus Cristo, que dos céus nos abençoou com toda a bênção espiritual em Cristo. Assim, antes da constituição do mundo, ele nos escolheu em Cristo, para sermos, no amor, santos e

imaculados a seus olhos. Predestinou-nos à adoção de filhos por Jesus Cristo, conforme o beneplácito de sua vontade, para louvor da glória de sua graça com que nos agraciou em seu Bem-amado. Nele, temos a redenção pela virtude de seu sangue, a remissão dos pecados, segundo a riqueza de sua graça, que derramou profusamente em nós, com toda sabedoria e inteligência. Deu-nos a conhecer o mistério de sua vontade, conforme o beneplácito que em Cristo se propôs, a fim de realizá-lo na plenitude dos tempos: unir sob uma cabeça todas as coisas em Cristo, tanto as que estão no céu como as que estão na terra. Nele, fomos escolhidos herdeiros, predestinados que éramos segundo o desígnio daquele que faz todas as coisas de acordo com a decisão de sua vontade, para sermos o louvor de sua glória, todos quantos já antes esperávamos em Cristo (Ef 1,3-12).

Rezar o salmo com a Igreja

A Igreja, sem misericórdia e amor, no máximo é uma instituição de beneficência que busca vantagens e promover a si mesma. Contudo, com misericórdia e amor, torna-se expressão mais visível e nítida da gratuidade de Deus, do povo que caminha na fé e na esperança. Repetindo o refrão: "Sim, porque eterno é seu amor", como uma espécie de "mantra", tornamo-nos mais convencidos desta nossa vocação: saber ver também nas páginas obscuras da vida a misericórdia de Deus.

Santa Edith Stein disse uma frase que sempre me faz muito bem ouvir: "Deus se esconde, não sabemos aonde nos conduz, porém Ele nos conduz". A Igreja é uma comunidade guiada pela fé e pelo Espírito Santo; por isso não deve ter medo de testemunhar ao mundo a misericórdia, nem de ser misericordiosa. Sempre precisa ser maior que a própria Igreja jurídica, porque, quem encontra Jesus, liberta-se do legalismo que ofende a misericórdia de Deus.

Portanto, louvar a Deus em tudo: "Louvo-te, Senhor, do abismo dos meus pecados: faz-me experimentar o teu perdão e tua misericórdia!" "A misericórdia de Deus passa de geração em geração para os que o temem" (Lc 1,50).

Releia o salmo.

Meditar o salmo

Medite a realidade da Páscoa, que se renova sempre na Eucaristia e nos sacramentos, nos quais experimentamos a misericórdia do Senhor, que jamais se cansa de nos perdoar. Santa Teresa d'Ávila disse: "Nós nos cansamos antes de pecar que Deus de nos perdoar". Deus não tem medo do nosso pecado, mas sim de que não reconheçamos o nosso pecado...

Questionário

Por que mandamos os outros para o inferno com tanta facilidade? Jesus derramou seu sangue por todos, não para um grupinho de privilegiados! Todos são amados por Deus, portanto, devemos amar a todos. Cito ainda Edith Stein: "Não será a fenomenologia que salvará a humanidade, mas a Paixão, morte e ressurreição de Jesus!".

MINHA ORAÇÃO

Salmo 134(133) – Convite ao louvor

Canto da subida.

[1] Vinde, bendizei ao *Senhor* vós todos, servos *do Senhor*, que permaneceis durante a noite na casa do Senhor!
[2] Erguei as mãos para o santuário e bendizei ao *Senhor*!
[3] De Sião te abençoe o *Senhor*, Que fez o céu e a terra!

> Faça sua oração.

Colocar em prática

Não se deixe vencer pelo pessimismo, mas seja sempre semeador de esperança e cante sempre a misericórdia do Senhor. Não deixe roubarem do seu coração a bondade de Deus. Ajude, a quem encontrar pelo caminho, a confiar no Senhor.

Salmo 139(138)
Examina meu coração, Senhor!

Este salmo é uma obra-prima de psicologia, antropologia e teologia. É um dos que receberam maior atenção ao longo de todos os séculos e no qual se retorna de boa vontade para meditá-lo com atenção. Não faltam estudos exegéticos sobre ele, sem dúvida muito importantes; porém nós, como simples leitores, sem conhecimentos científicos, limitamo-nos a meditá-lo deixando-nos contagiar por seu entusiasmo e sua profundidade.

Trata-se de um cântico a Deus que exprime o amor apaixonado do homem que se deixou atravessar pela luz poderosa dele, que tudo conhece. Não há medo, mas alegria de ser conhecido, de ser examinado nos mínimos detalhes da vida, assim como nós, ao nos levantarmos, ao caminharmos ao longo do dia, ao nos deitarmos e ao dormirmos... Não há nada desconhecido, por Deus, em nós.

Há, todavia, duas perguntas fundamentais em seu contexto: "Quem é Deus?" e "Quem é o homem?" O amor é conhecimento, ou melhor, é a única via para conhecer a Deus e para conhecer o outro. Sem amor, permanecemos na superfície e perdemos o senso de fraternidade e intimidade. O amor de Deus nos persegue docemente, até que, vencidos, rendamo-nos a Ele. "Tu me conheces": este é o início, o percurso e o fim do salmo. Deixemo-nos conhecer, isto é, "amar" por Deus, a fim de que também possamos conhecê-lo e amá-lo.

Louvor à onisciência divina

¹ Ao regente do coro. Salmo de Davi.
Senhor, tu me sondas e me conheces:
² sabes quando me sento e quando me levanto, de longe vês meus pensamentos.
³ Consignas minha caminhada e meu descanso e cuidas de todos os meus caminhos.
⁴ Não chegou a palavra à minha língua, e, tu, Senhor, já a conheces toda.
⁵ Abranges meu passado e meu futuro, e sobre mim repousas tua mão.
⁶ Tal conhecimento é para mim demasiado misterioso, tão sublime que não posso atiná-lo.
⁷ Aonde irei para estar longe de teu espírito? Aonde fugirei para estar longe de tua face?
⁸ Se eu escalar os céus, aí estás; se eu me deitar no abismo, também aí estas.
⁹ Se me apossar das asas da aurora e for morar nos confins do mar,
¹⁰ também aí tua mão me conduz, tua destra me segura.
¹¹ Se eu disser: "Envolvam-me as trevas e, a minha volta, a luz se faça noite",
¹² as trevas não são escuras para ti: a noite é clara como o dia, e as trevas como a luz.
¹³ Tu plasmaste meus rins, teceste-me no seio de minha mãe.
¹⁴ Graças te dou, porque fui feito tão grande maravilha. Prodigiosas são tuas obras; sim, eu bem a reconheço.
¹⁵ Meus ossos não te eram encobertos, quando fui formado incultamente e tecido nas profundezas da terra.
¹⁶ Ainda embrião, teus olhos já me viram; foram registrados em teu livro todos os dias prefixados, antes que um só deles existisse.
¹⁷ Quão insondáveis, ó Deus, são para mim teus desígnios, quão grande é sua soma!
¹⁸ Pensava eu em contá-los, mas eram mais numerosos que a areia. Adverti, então, que, todavia, estou contigo.
¹⁹ Quisera, meu Deus, que exterminasses os ímpios – "Assassinos, afastai-vos de mim!" –,

²⁰ porque eles te invocam para tramar intrigas, cometendo perjúrio, como inimigos teus.
²¹ Porventura não devo odiar, Senhor, os que te odeiam, abominar os que se insurgem contra ti?
²² Odeio-os com ódio implacável, e eles se tornaram meus próprios inimigos.
²³ Sonda-me, ó Deus, e conhecerás meu coração! Examina-me, e conhecerás meus pensamentos!
²⁴ Vê se estou no caminho da perdição e conduze-me pelo caminho perene!

Rezar o salmo com Israel

É comovente contemplar o entusiasmo e o amor que o povo de Israel tem pelo seu Templo e, particularmente, pelo Deus vivo que nele habita e vive sempre com seu povo.

O salmo descreve fielmente esse amor e nele encontramos um guia de comportamento. Somos buscadores incansáveis de Deus; por toda parte em que andamos, procuramos nos esconder e acabamos por encontrá-lo no alto do céu ou nas profundezas do mar. O próprio salmista, sem dúvida um homem sábio, contemplativo, um verdadeiro místico, pede a Deus para examiná-lo, a fim de ver se nele ainda resta algum traço de pecado que o impeça de amá-lo e ser amado plenamente.

Na verdade, os últimos versículos soam aos nossos ouvidos como uma nota desafinada, quando o salmista fala de ódio contra os inimigos: é o perigo do fanatismo religioso, que recusa os que professam outras religiões, que combate o nome de Deus com o próprio Deus. A fé deve ser sempre purificada de todos os sentimentos de aversão, para juntos procurarmos o Deus da paz e do amor.

Rezar o salmo com Jesus

Ninguém mais que Jesus entrou no coração deste salmo, assimilando-o e vivendo-o com toda a sua vida.

"Ninguém conhece o Pai senão o Filho e aquele a quem o Filho quiser revelar" (Mt 11,27); e Jesus disse: "Meu alimento é fazer a vontade do Pai" (Jo 4,34). Cristo amou e foi amado pelo Pai, desceu do céu e retornou a ele. Creio que o melhor comentário deste salmo seja o Pai-Nosso:

> Pai, santificado seja o teu nome, venha o teu reino.
> Dá-nos cada dia o pão necessário; perdoa-nos os nossos pecados,
> pois também perdoamos a todos que nos ofenderam,
> e não nos deixes cair em tentação" (Lc 11,2-4).

Em toda a vida de Jesus, não há nada de triunfalíssimo nem de fanatismo, no pior sentido da palavra, porque a verdadeira etimologia de "fanático" é bela, ausente de pejorativos com que estamos habituados. Fanático, no sentido original, quer dizer "estar apaixonado", amar o Templo e o Senhor com entusiasmo apaixonado. Nesse sentido, quem teve mais entusiasmo do que Jesus? Ninguém. Mas o entusiasmo de Jesus se abriu a toda a humanidade e jamais se fechou para ninguém.

Rezar o salmo com a Igreja

Os padres da Igreja, primeiros comentadores cristãos, e todos os outros depois deles, sempre consideraram este salmo 139 como uma grande oração de Cristo e da Igreja, que, em seu peregrinar, busca com insistência a face do seu Senhor; deseja conhecê-lo e ser conhecida por Ele, para caminhar em seu seguimento.

Viver na presença da Trindade santa é sentir-se envolto no mistério da infinita ternura de Deus, que nos salva no amor, convida-nos a comunicá-lo a todos, cura as feridas, consola-nos e defende-nos na luta.

Entrando no mundo, Jesus recebeu um corpo, marcado não pelo pecado, mas pelo sofrimento. Ele nos disse que veio para fazer a vontade do Pai, e o seu "sim" é um convite para nós também dizermos sempre "sim" ao imprevisível amor do Pai: "Eis porque, ao entrar no mundo, Cristo diz: *Não quiseste sacrifícios nem oblações, mas me preparaste um corpo. Os holocaustos e sacrifícios pelo pecado não os recebeste. Então eu disse: eis-me aqui, venho – no volume do Livro está escrito de mim – para fazer, ó Deus, a tua vontade"* (Hb 10,5-7). Somos convidados, como nosso pai Abraão, a caminharmos na presença de Deus e a sermos íntegros, corajosos e fortes na fé: Quando Abraão tinha noventa e nove anos, o Senhor lhe apareceu e disse: "Eu sou Deus o onipotente. Caminha diante de mim e sê íntegro" (Gn 17,1).

A Igreja, a fim de proceder com segurança em seu caminho, deve abrir-se a todos os irmãos e irmãs de boa vontade que buscam a verdade. Para isso, todos os fanatismos são condenados, especialmente o religioso, pois, com sua recusa em defender a Deus – que, aliás, defende-se bem sozinho e não necessita da nossa ajuda –, chegam ao excesso de ódio para com os irmãos e irmãs, apesar das diferenças religiosas, buscam a verdade com amor, como nós o buscamos.

Releia o salmo.

Meditar o salmo

Deus nos vê não para julgar-nos nem condenar-nos, mas para amar-nos. Na Bíblia, o verbo "ver" (em grego *oraô*) significa amar, ter experiência do infinito, ser apaixonado por Deus. Meditemos, portanto, sobre a qualidade do nosso amor pelo Senhor: um amor livre e apaixonado ou, sobretudo, um amor interessado.

Questionário

- Como você vê o fanatismo religioso?
- Quais são seus sentimentos diante das pessoas que professam outra fé, como os judeus?
- Você sabe respeitá-los e rezar com eles e por eles?

MINHA ORAÇÃO

Senhor, tu sabes tudo, sabes que eu te amo. Não tenho medo do teu amor nem do teu olhar que me perscruta e me examina. Volve teu olhar benigno sobre mim e sobre todos os homens que buscam a verdade. Mesmo atravessando noites escuras, pântanos de areia movediça e terra deserta, caminhamos sempre à tua luz. Não permitas, Senhor, que nos tornemos fanáticos e intolerantes para com os que professam outra fé, e te pedimos também que não me encante com outra fé que não seja a do teu amor e de tua fidelidade. Amo-te, Senhor, de todo coração. Ouve minha oração, conserva a minha fé.

Faça sua oração.

Colocar em prática

Devo aprofundar a minha fé em Deus e não discutir sobre religião, mas dar testemunho da minha fé. A evangelização não é proselitismo, mas atração mística.

Salmo 150

Iniciei este livro com o salmo 1, como uma porta que nos permite adentrar no mundo dos salmos, como um instrumento para nos afastarmos do mal e vivermos bem. Escolhi, depois, alguns salmos que me pareceram mais atuais e mais... fáceis de esquematizar e de serem propostos como método, com alguns ensinamentos práticos para a nossa vida. Trata-se de escolhas, sem dúvida, subjetivas. Eu poderia ter feito outras. Todos os salmos são belos; são como pedras de um grande e estupendo mosaico de nossa alma, em busca do bem, mas sempre atacada pelo mal. Quem caminha com Deus, porém, sai vitorioso, mesmo que conquiste a vitória com muitas feridas e... muitos emplastros. O importante é chegar.

Concluo, portanto, minha reflexão sobre os salmos com o salmo 150. Por quê? Trata-se de uma belíssima sinfonia, que convida todos para louvar ao Senhor. Assim como temos os Dez Mandamentos, as dez palavras da Lei, presentes no salmo 119, aqui há as dez "Aleluias". E como é bela a frase com a qual concluímos este salmo: "Tudo que respira, louve o Senhor!".

Hino final de louvor

Todos os cinco livros que compõem o saltério terminam com uma solene doxologia, em que todo o universo é chamado a glorificar o Senhor. Nada pode permanecer alheio à ação de Deus. Saber glorificar não numa forma "individualista e intimista", mas chamando tudo: céu, terra e todas as coisas criadas por Deus e pelo homem a se unirem neste louvor universal, feito de amor, de estupor e maravilha. Este salmo conclui o caminho dos vários salmistas e das várias salmistas que, ao longo de vários séculos, souberam não somente fazer experiência da vida, mas sim transformar a vida em oração. Quem está atrás dos salmos são pessoas vivas, homens, mulheres, jovens e velhos, que mesmo mergulhados nas dificuldades, nas guerras, e nos conflitos souberam manter viva a fé em Deus, que nos passaram como herança, e nós como chama viva, devemos passá-la, sem apagá-la, aos que viverem depois de nós...A fé não morre conosco, mas continua depois de nós.

[1] Aleluia!
Louvai a Deus em seu santuário, louvai-o no seu majestoso firmamento!

[2] Louvai-o por seus grandes feitos, louvai-o por sua imensa grandeza!

[3] Louvai-o ao som de trombeta, louvai-o com harpa e cítara!

[4] Louvai-o com pandeiro e dança, louvai-o com instrumentos de corda e flautas!

[5] Louvai-o com címbalos sonoros, louvai-o com címbalos vibrantes!

[6] Tudo que respira, louve o Senhor! Aleluia!

Rezar o salmo com Israel

Deus fez o céu e a terra, e tudo o que neles existe, além de nos abismos dos mares. E tudo louva o Senhor. Essa é a fé do povo de Israel: tudo o que existe foi criado por Deus. Sendo assim, o salmo 150 é uma convocação solene a todos os povos para se unirem em um só povo, a fim de agradecer e louvar ao Deus da vida. Não só os anjos e os seres humanos, mas todas as coisas, os animais e todos os seres vivos louvam a Deus. Mesmo as coisas tomam voz e, a seu modo, cantam, apesar do seu silêncio, a beleza de Deus.

Como não recordar o cântico dos três jovens na fornalha ardente, narrado no capítulo 3 do livro de Daniel, quando todo o universo criado é chamado a louvar o Criador? Ninguém pode permanecer indiferente diante do poder de Deus, da sua luz e do seu amor. Ao contrário do que se poderia imaginar, a Torá não é o primeiro livro de teologia e de espiritualidade que Deus entregou à humanidade, a primeira obra escrita por Ele é a própria criação: livro que todos, pobres e ricos, doutores e analfabetos, podem ler a fim de conhecer a grandeza do Criador.

Esquecemos a maneira de ler a criação; por isso a profanamos e a destruímos. Tornamo-nos analfabetos da beleza cósmica e cosmológica. Em razão disso, devemos aprender novamente a ler e a ver a Deus em suas obras.

Rezar o salmo com Jesus

Embora não tenhamos referência explícita nos evangelhos a este salmo, podemos dizer que toda a vida de Jesus é um aleluia constante diante das maravilhas que o Pai opera, através dele e com ele e por ele. E ao mesmo tempo é o amém, é caminho do alfa para o ômega, que será tudo realizado na pessoa do Verbo eterno. Tudo é música e ao mesmo tempo é silêncio. Gostaria de colocar aqui a "Oração da alma enamorada", de São João da Cruz, em que para os místicos, tudo sendo de Cristo é participado a todos os que amam e vivem em Cristo.

Oração da alma enamorada

Senhor Deus, Amado meu! Se ainda te recordas dos meus pecados, para não fazeres o que ando pedindo, faze neles, Deus meu, a tua vontade, pois é o que eu mais quero: exerce neles a tua bondade e a tua misericórdia, e serás neles conhecido. E, se esperas por obras minhas, para, por meio delas, me concederes o que te rogo, dá-mas Tu, e opera-as Tu por mim, e venham também as penas que quiseres aceitar, e faça-se. Mas se pelas minhas obras não esperas, por que esperas, clementíssimo Senhor meu? Por que tardas? Porque, se, enfim, há de ser graça e misericórdia o que em teu Filho te peço, toma os meus parcos haveres, pois os queres, e dá-me este bem, pois que Tu também o queres.

Quem se poderá libertar de seu baixo modo de agir e de sua condição imperfeita, se não o levantas Tu a ti em pureza de amor, Deus meu? Como se elevará a ti o homem gerado e criado em baixezas, se Tu não o levantares, Senhor, com a mão com que o fizeste? Não me tirarás, Deus meu, o que uma vez me deste em teu único Filho Jesus Cristo, em quem me deste tudo quanto quero; por isso folgarei, pois não tardarás, se eu confiar.

Por que tardas em esperar, ó minha alma, se desde já podes amar a Deus em teu coração? O céu é meu e minha é a terra, meus são os homens, os justos são meus e meus são os pecadores. Os anjos são meus, e a Mãe de Deus e todas as coisas são minhas. O próprio Deus é meu e para mim, porque Cristo é meu e todo para mim. Que pedes, pois, e buscas, ó minha alma? Tudo isto é teu e tudo para ti. Não te rebaixes nem atentes nas migalhas caídas da mesa de teu Pai.

Rezar o salmo com a Igreja

A Igreja canta este salmo em muitos momentos de sua caminhada terrestre, repetindo sem cessar o "Aleluia" em vários momentos, especialmente na Páscoa e no tempo pascal. Cada antífona é assinalada pela palavra "Aleluia" (em hebraico, *Halleluya*), "Louvai o Senhor", porque Ele está vivo, está ressuscitado, porque a força do Espírito Santo venceu a morte. Aleluia! No salmo encontramos também os motivos desse grande "Aleluia", e todos são chamados a louvar e a agradecer o Senhor:

- Os sacerdotes, que tocam as trombetas;
- Os levitas cantores, que tocam a harpa e a cítara;
- As mulheres e as crianças, que dançam e cantam;
- Tudo o que vive e respira.

Nada mais é sugerido, além de louvar a Deus. "Louvai a Deus" é repetido dez vezes, número simbólico da plenitude. Trata-se de um salmo aberto, no qual você e eu devemos inserir nosso "Aleluia".

Releia o salmo.

Meditar o salmo

Vemos a atitude da Igreja na defesa do universo. Você conhece a teologia que aprofunda suas raízes na ecologia? A criação inteira geme como nas dores de parto por um novo céu e uma nova terra. O que você faz para que a criação seja respeitada?

O Amazonas, os rios e as florestas iniciam-se em sua casa. Cuidar da natureza é cuidar de nós mesmos e dos outros. Assim como Deus colocou Adão e Eva como guardas do paraíso terrestre, o jardim da criação, do mesmo modo, hoje, Deus nos coloca como guardas do paraíso da natureza... Se a destruirmos, seremos destruídos.

Minha oração

Salmo 148 – Hino ao Senhor do universo

¹ Aleluia!
Louvai o Senhor do alto dos céus, louvai-o nas alturas!
² Louvai-o vós todos, seus anjos, louvai-o vós todos, seus exércitos!
³ Louvai-o, sol e lua, louvai-o vós todas, estrelas brilhantes!
⁴ Louvai-o, espaços celestes, e vós, águas que estais acima dos céus!
⁵ Louvem eles o nome do Senhor, porque ele mandou, e foram criados!
⁶ Ele os estabeleceu pelos séculos sem fim, ao promulgar sua lei, que não passará.
⁷ Louvai o Senhor da face da terra: dragões e todos os oceanos,
⁸ fogo e granizo, neve e neblina; vento tempestuoso, dócil à sua palavra;
⁹ montanhas e todas as colinas, árvores frutíferas e todos os cedros;
¹⁰ feras, e todos animais domésticos, répteis e pássaros a voar;
¹¹ reis da terra e todos os povos, príncipes e todos os chefes da terra;
¹² jovens e também moças, velhos e crianças!
¹³ Louvem eles o nome do Senhor, o único nome sublime!
Sua majestade, sobre a terra e o céu,
¹⁴ suscita o vigor de seu povo, o louvor de todos os seus fiéis, dos israelitas, do povo que lhe é próximo.
Aleluia!

Faça sua oração.

Colocar em prática

Respeite e ajude a respeitar a natureza, casa de Deus e da humanidade. Crie em você e nos outros uma consciência e uma responsabilidade ecológica.

Magnificat
Recorda-te, Senhor, das tuas promessas!

O *Magnificat* é o cântico que nasce no coração cheio de alegria da jovem de Nazaré, Maria, no momento em que é visitada pelo Arcanjo Gabriel. Após ter dado seu "sim" ao Senhor, levanta-se às pressas e vai para as montanhas da Judeia, a fim de ajudar sua prima Isabel, anciã e grávida. Dá-se, então, o encontro de duas mulheres que experimentaram a verdade de que, para o Deus Altíssimo, Criador do céu e da terra, Criador do homem e da mulher, nada é impossível.

Zacarias e Isabel, ambos idosos e com as capacidades gerativas esgotadas, geram com amor um filho, verdadeiro dom de Deus, que teria a missão especial de preparar o caminho do Messias. Maria, jovem prometida em casamento a José, antes de coabitar com ele, descobre-se grávida sem cooperação humana, e daria à luz Jesus, o Messias prometido, o Filho de Deus.

Este cântico nasce da alegria, da esperança, da ação de graças; é um canto "sálmico", bordado com o coração, com a inteligência e com arte da escrita do Antigo Testamento. O evangelista Lucas, após ter-se encontrado com Maria para escrever seu Evangelho da infância de Jesus, coloca nos lábios dela as palavras que seguramente ela havia por muito tempo meditado no silêncio do seu coração. É uma oração que deve ser rezada com os mesmos sentimentos com que foi composta.

Rezar o Magnificat *com o Antigo Testamento*

Podemos nos perguntar: pode-se rezar o *Magnificat* em um encontro ecumênico entre cristãos e hebreus? A minha resposta é "sim", pois quase todas as referências bíblicas presentes nesta oração são tiradas dos salmos ou do Antigo Testamento. Como não recordar, por exemplo, o cântico de Ana, mãe de Samuel? E o cântico de Judite ou da rainha Ester?

[1] Então Ana fez esta prece: "Exulta meu coração no Senhor, reergue-se minha fronte em Deus; minha boca se ri dos meus inimigos, pois me alegro na tua salvação.

[2] Ninguém é santo como o Senhor, pois não há ninguém fora de ti, e ninguém é rocha como nosso Deus. [3] Não multipliqueis palavras altivas, nem saiam insolências de vossas bocas! Pois o Senhor é um Deus cheio de saber, é ele quem pesa as ações.

[4] O arco dos valentes quebrou, a força cingiu os exaustos.

[5] Os saciados se empregam pelo pão, os famintos podem folgar para sempre; a estéril dá a luz sete vezes, e a mãe de muitos filhos fenece.

[6] É o Senhor que dá a vida e a morte, conduz à mansão dos mortos e de lá faz voltar.

[7] É o Senhor que torna pobre e faz rico, humilha e também exalta.

[8] Levanta do pó o pobre, do monturo ergue o indigente, fazendo-os sentar com os príncipes e concedendo-lhes um trono glorioso. Pois é ao Senhor que pertencem as colunas da terra; Sobre elas colocou o orbe.

[9] Ele guarda os passos de seus fiéis, enquanto os ímpios perecem nas trevas, pois não é pela força que o homem triunfa.

[10] Os contendores do Senhor perecem, o Excelso nos céus troveja. O Senhor julga os confins da terra, dá força ao rei e exalta a fronte do seu ungido" (1Sm 2,1-10).

No *Magnificat* encontramos muitas frases tiradas dos salmos, o livro de oração do povo eleito. Vejamos algumas:

> Trituraste o cadáver de Raab, dispersaste os inimigos... (Sl 89,11a).
>
> Recordou-se de seu amor e de sua fidelidade para com a casa de Israel; os confins da terra contemplaram a obra salvífica de nosso Deus (Sl 98,3).
>
> Mas a misericórdia do Senhor é, desde sempre e para sempre, para aqueles que o temem, e sua justiça para os filhos de seus filhos (Sl 103,17a).
>
> Dai graças ao Senhor, porque ele é bom, porque eterno é seu amor (Sl 107,1).
>
> Ele enviou a seu povo a redenção, ratificou para sempre sua aliança. Seu nome é santo e temível (Sl 111,9).
>
> Ele levanta do pó o desvalido, do monturo tira o indigente para sentá-lo com os nobres, com os nobres de seu povo. Instala no lar a mulher estéril, como ditosa mãe de família (Sl 113,7).

O *Magnificat* está em perfeita sintonia com o pensamento e com a oração do povo de Israel, que continuamente recorda a Deus as promessas feitas e agradece pelas *mirabilia dei*, isto é, as grandezas e maravilhas que Ele realizou no meio de seu povo.

O Magnificat: *"pré-história" das bem-aventuranças*

Ao meditar o texto do *Magnificat*, encontramos diversas pequenas ideias, anúncios, esboços resumidos do que Deus desenvolverá em seguida. Parece-me que podemos chamar o *Magnificat* de a "pré-história" dos Evangelhos, onde os pobres têm o primeiro lugar no coração de Deus e os prepotentes, os ricos, são despedidos de mãos vazias.

Muitas passagens do Evangelho evocam o *Magnificat*: "Eu te louvo, Pai, Senhor do céu e da terra, porque ocultaste estas coisas aos sábios e entendidos e as revelaste aos pequeninos" (Mt 11,25). Se Jesus é o "servo sofredor" do Senhor, do qual falava o profeta Isaías,

Maria é a "serva sofredora" do Senhor, que conserva tudo no coração e o medita. Também a ela uma espada transpassou o coração.

> Felizes os que têm espírito de pobre, porque deles é o reino dos céus. Felizes os que choram, porque serão consolados. Felizes os mansos, porque terão a terra. Felizes os famintos e sedentos de justiça, porque serão saciados. Felizes os que se compadecem porque alcançarão misericórdia. Felizes os limpos de coração, porque verão a Deus. Felizes os pacíficos, porque serão chamados filhos de Deus. Felizes os perseguidos por causa da justiça, porque deles é o reino dos céus. Felizes sereis quando vos insultarem e perseguirem e, por minha causa, mentirem, dizendo contra vós todo mal. Alegrai-vos e exultai, porque grande será a vossa recompensa. Foi assim que perseguiram os profetas antes de vós (Mt 5,3-12).

No *Magnificat*, assim como nas Bem-aventuranças, os simples, os humildes, os pobres, os últimos, as pessoas indefesas e vulneráveis encontram a força da esperança.

O Magnificat *e a Igreja*

Ao término de cada dia, a Igreja convida seus fiéis a dirigir a oração ao Pai das graças com as palavras da Virgem Maria, o *Magnificat*, na qual se louva, agradece e contempla a vitória de Deus, que eleva os pobres, sacia os famintos e despede os ricos de mãos vazias. Não é o prazer da "vingança", que às vezes se encontra no Antigo Testamento, mas sim a força da esperança de que todos se convertam ao Evangelho e possam formar um povo novo, a caminho da Jerusalém celeste.

O *Magnificat* é uma oração de vastos horizontes, que não se limita a um pequeno grupo étnico, mas se abre à universalidade, onde todos são chamados a servir ao Senhor na simplicidade e na alegria. A Virgem Maria, Mãe fecunda que desperta nosso coração às vezes adormecido pelo ritmo monótono da mediocridade, despertaria também ao próprio Deus, caso houvesse necessidade, para as promessas que Ele fez a Abraão e a sua descendência... É uma oração com a memória viva da salvação.

> *Releia* o **Magnificat.**
> *Permaneça algum tempo em silêncio para a oração pessoal.*

Conecte-se conosco:

 facebook.com/editoravozes

 @editoravozes

 @editora_vozes

 youtube.com/editoravozes

 +55 24 2233-9033

www.vozes.com.br

Conheça nossas lojas:

www.livrariavozes.com.br

Belo Horizonte – Brasília – Campinas – Cuiabá – Curitiba
Fortaleza – Juiz de Fora – Petrópolis – Recife – São Paulo

  Vozes de Bolso

EDITORA VOZES LTDA.
Rua Frei Luís, 100 – Centro – Cep 25689-900 – Petrópolis, RJ
Tel.: (24) 2233-9000 – E-mail: vendas@vozes.com.br